Alle lieben Ruhestand

ALLE LIEBEN
RUHESTAND

BILDER & WORTE

Für .....

LAPPAN

Cartoons und Illustrationen von
Peter Butschkow (S. 13, S. 15, S. 71)
Til Mette (S. 24, S. 48)
Nikolaz (S. 51)
Klaus Oliv (S. 72)
Ari Plikat (S. 5, S. 8, S. 9, S. 22,
S. 29, S. 42, S. 67, S. 87)

Herausgeber: Günther Willen
Lektorat: Nicola Heinrichs
Umschlagzeichnung:
Ari Plikat

4 5   05 04 03

Alle Rechte vorbehalten
© 2001 für die Buchzusammenstellung
Lappan Verlag GmbH · Postfach 3407 · 26024 Oldenburg
© der abgedruckten Texte bei den Autoren
Gesamtherstellung: Clausen & Bosse · Leck
Printed in Germany · ISBN 3-8303-4011-7

Ein Wort an die Leser

Man kann es ganz kurz und schmerzlos sagen: Für die einen ist der Ruhestand ein Segen, für die anderen eine Qual. Doch worum geht es eigentlich? Die Zeit ohne berufliche Verpflichtungen ist im Grunde genommen eine Zeit der Unruhe, die viele Möglichkeiten für ein intensives Leben offen hält. Man muss freilich was dafür tun. Zum Beispiel dieses Buch lesen. Am besten beginnen Sie damit gleich jetzt.

Inhalt

Fritz Eckenga
Guter Tag   9
Axel Marquardt
Ab in den Ruhestand   10
Andreas Scheffler
Ich werde älter   14
Ulrich Horb
Ruhestand für Anfänger   16
Ralf Dornbusch
20 beknackte Oldies   20
Hans Borghorst
Gehirnjogging für Ruheständler   21
Peter Köhler
Das Hobby für den Ruheständler
Folge 347: Die Briefmarke   22
Hans Borghorst
Der lange Abschied   24
Ulrich Horb
Alles wird gut   28
Frank Schulz
Horoskop für Ruheständler   30
Peter Köhler
Die Kaffeefahrt   34
Hans Borghorst
Eine Frage, Dr. Krampnagel!   36
Hans Borghorst
Das ABC der beliebtesten Ruhestands-
Beschäftigungen   38
Hans Borghorst
Für die Statistiker   42

Gerhard Henschel
  Auf Rentnerpirsch 44
Gerhard Henschel
  Höchste Zeit für geilere Altersheime 48
Günter Willen
  Was man im Ruhestand alles sammeln kann 52
Gerhard Henschel
  Vorzeitiger Ruhestand 54
Hans Borghorst
  Nöckelmuhl im Ruhestand 58
Knud Kohr
  Splitters letzte Tage 64
Albert Hefele
  Die schönste Nebensache im Ruhestand 72
Günter Willen
  Zehn Rezepte, wie man schön alt wird 76
Peter Köhler/Hardy Siedler
  Schach auf Rädern 77
Christina Bacher
  Auf dem Land 78
Hans Borghorst
  Ruheständler aufgepaßt! 80
Albert Hefele
  Berühmte Rentner – Leni Riefenstahl 81
Hans Borghorst
  Deutsch für Ruheständler 84
Christina Gottschall
  Mit Ingrid und Käte ins Krisengebiet 85
Günter Willen
  Zwei auf einer Bank 90
Manfred Hofmann
  Illustrierte Kurzsatiren 39, 40, 53, 62
Peter Köhler
  Kurzsatiren 35, 41, 70
Kriki
  Illustrierte Kurzsatiren 47, 75
Autorenverzeichnis 92

Guter Tag

Später Morgen und och dämmrig
Kopf in Daunen, mollig – weich
Niemand holt mich aus der Mulde
Nein, ich komm nicht! Auch nicht gleich!

Später Mittag, lascher Blitz
Das Gewissen will ans Licht:
„Du musst! Du sollst! Du hast zu tun!"
ich hab zu ruhn, mehr hab ich nicht!

Früher Abend und schon dämmrig
Langsam um die Achse drehn
Augenblick bringt die Gewissheit:
Ich mag mich nur von innen sehn.

Später Abend, ganz zufrieden
Nicht geleistet, nicht gehandelt
Gleich ein Traum, der alles rundet
Guter Tag, der so versandelt.

Ab in den Ruhestand!

Wir Ruheständler haben ein Leben lang geschuftet, hart und unerbittlich, auf den einen Tag hin, der uns die Freiheit bringt, nicht mehr aufstehen zu müssen, tun und lassen zu können, was wir wollen, und langsam, aber zielstrebig zu verblöden. Das ist nicht nur unser gutes Recht, es ist auch unsere Pflicht. Wo kommen wir denn da hin, wenn wir all die jungen Hüpfer ans Ruder lassen, die alles besser können, frischer und ausdauernder sind und tausendmal qualifizierter als wir?

Leider ist es aber so, dass nicht alle Menschen in den Ruhestand versetzt werden, dass also eine Reihe von Individuen glaubt, nerven zu dürfen bis in alle Ewigkeit, egal wie alt sie sind, wie senil, debil, imbezil oder auch nur überflüssig. Das sind die Freiberufler. Schockschwerenot, was für eine Bande!

Der erste Name, der mir in diesem Zusammenhang durch den Kopf schießt: Joop! Der mit dem doofen Rufzeichen, physiognomisch verwandt und verschwägert mit Lale Andersen und Hildegard Knef, hat es offensichtlich nie verwunden, dass er in seinem Leben nichts geschafft hat, als ein paar Klamotten zu verhökern. Degoutant und verschmokt bis zum Anschlag, und kein Redakteur merkt, was sich da an schmierigem Hirnbrei in die Zeilen ergießt.

Als Zweiten nenne ich Herrn Alfred Biolek. Ich weiß wirklich nicht, wie diese Verkörperung der Mediokrität es geschafft hat, so lang und zäh omnitelevisionär werden zu können. Journalistisches Geschick kann es nicht sein, das diesen selbstzufriedenen Schrat Tag für Tag auf dem Bildschirm erscheinen lässt. Ich kann es mir nicht anders erklären, als dass ihm das Fernsehen gehört und er sich so überall einmischen kann. Er darf sogar ungestraft im TV kochen, obwohl er nicht kochen kann. Dazu lädt er sich dann irgendwelche Menschen ein, die auch nicht kochen können. Und weil das alles ganz unerträglich ist, schluckt er eine ganze Menge Wein dabei und faselt unappetitliches Zeug.

Dritter Kandidat: Der Kaiser, vulgo Franz Beckenbauer. Es ist unfassbar, aber nachdem ihm der letzte Ball vom Stiefel gehupft ist, macht und redet der nur noch bösen Unsinn. Nun aber gleich die Gegenstimmen: Hat er uns Deutsche nicht gleich zweimal zu Weltmeistern gemacht, einmal als Libero und Kapitän der Nationalelf und einmal als Coach? Hat er uns dann nicht auch die WM 2006 beschert? Wahrlich, ich sage euch: 1.) Die Holländer waren '74 die klar bessere Mannschaft, und den Sieg haben wir eher Katsche Schwarzenbeck zu verdanken. 2.) Wer es mit der

Mannschaft von '82 nicht geschafft hätte (Klinsmann!), hätte vor Scham in den Orkus fahren müssen. Und 3.) Wie die WM 2006 tatsächlich an die Deutschen fiel, werden erst spätere Generationen herauskriegen (Claudia Schiffer?). Aber: Allein der Satz nach dem Gewinn der EM im Jahr 1996, nach dem in den nächsten zehn Jahren keine Mannschaft der Welt in der Lage sein wird, die Deutschen zu schlagen, zeigt den Grad seiner Überreife an. Und wer dann noch jede Antwort auf eine Reporterfrage mit der Floskel „Ja, sicherlich" oder wahlweise „Ja, gut" einleitet und jedes Gespräch mit einem „Schaumerma" beendet, gehört schon lang auf die Strafbank. Oder gleich auf die Tribüne.

Den vierten Kandidaten werden Sie vielleicht nicht kennen. Er heißt Gerd Scobel und moderiert die allabendliche „Kulturzeit" in 3sat. Er ist ein noch verhältnismäßig junger Mensch, aber er redet zu viel. Und zu schnell. Und zu dünn. Mit einem Wort: ein selbstgefälliger Fatzke. Weg vom Bildschirm, auf die Couch!

Ich will hier mal aufhören. Stundenlang könnte ich so weitermachen.

Ich werde älter

Vor einiger Zeit sagte mir Kollege Witte sibyllinisch: "Andreas, mit Ende zwanzig beginnt das Bier einen Bauch zu bilden." Damals habe ich noch gelacht, heute muss ich ihm Recht geben. Plötzlich bin ich gezwungen, meine neuen Hosen vom Schnäppchen-Eck, Karstadt, Leopoldplatz unter einer Bauchfalte zuzuknöpfen. Die alten Hosen bereiten mir Magenschmerzen, denn trotzeshalber trage ich sie zuweilen immer noch. Meine charakteristischen Gesichtsfalten sind beinahe verschwunden, und unter dem Kinn hängt es durch. Ist dieser Prozess umkehrbar? Wohl allein durch einen erheblichen Verlust von Lebensqualität. Ich werde nicht joggen oder surfen oder regelmäßig in ein überchlortes Hallenbad steigen. Meine Hoffnung beschränkt sich darauf, dass die Entwicklung des Bauchwachsens nicht kontinuierlich weitergeht. Immerhin: Meine Lebensgefährtin habe ich gefunden, als ich noch schlank war. – Glück.

Horst sagt, dass wir jetzt das Alter erreicht haben, an welchem von jeder Krankheit, die einen packt, immer ein Stück zurückbleibt. Ich glaube, er hat Recht. Zur Zeit, da ich dies schreibe, habe ich eine schlimme Grippe. Mein Kopf fühlt sich an, als wäre er mit Schaumfestiger gefüllt, der bei jeder Bewegung des Schädels an Volumen zunimmt. Was, wenn davon etwas zurückbleibt? Ich muss die Festigermasse mit Aspirin bekämpfen, was den angenehmen Nebeneffekt hat, daß dieses Medikament dem Herzinfarkt vorbeugt. Eine Ereignis, dessen Wahrscheinlichkeit proportional mit dem Gewicht und dem Alter zunimmt. Nun also: Es ist nicht länger geheim zu halten: Ich werde älter. Das ist zwar eigentlich eine ziemlich bescheuerte Aussage, denn älter wird jeder ununterbrochen. Aber ich habe das Gefühl, dermaßen älter zu werden, dass ich mir bei Karstadt in Dessau das Buch „Glücklich leben im Ruhestand. Sinnvoll planen, in Freude genießen" gekauft habe. Dies war leider eine Fehlinvestition. Überall steht dort geschrieben, dass ich aktiv bleiben soll, alles Mögliche unternehmen und mich weiterbilden soll. Das Wort heißt „Ruhestand", nicht „Aktivstand". Ich möchte meinen Lebensabend Bier trinkend vor dem Fernseher verbringen und nicht mit einem Spaten in der Hand auf dem Felde. Ich möchte auch nicht beginnen zu heimwerken, Volkshochschulkurse besuchen oder einmal im Jahr die Wohnung renovieren. Einmal in der Woche werde ich mir die Nasenhaare schneiden, denn, wie ich beobachtet habe, wachsen die im Alter schneller. Bald wachsen mir Haare auch aus den Ohren heraus.

Ich möchte nicht stets heiter und allem gegenüber aufgeschlossen sein. Ich will stattdessen das Privileg des Alters genießen, intolerant zu sein und heftig auf die Baseball- kappengeneration schimpfen.

Damit habe ich schon begonnen, langsam bereite ich mich auf meinen Ruhestand vor. Das meiste machen Körper und Kopf ganz von alleine. Aber ein wenig dauert es noch. Noch immer habe ich mir allerhand Verständnis für meine Mitmenschen bewahrt, und so richtig dick bin ich erst, wenn mir auch meine Brille nicht mehr passt!

Ruhestand für Anfänger

Viele Menschen nehmen sich zwar eine ganze Menge für den Ruhestand vor, vergessen aber, einen vernünftigen Zeitplan dafür auszuarbeiten. Eine grobe Orientierung bietet der folgende Masterplan:

1. Juni 2020
Sie treten in den Ruhestand. Macht nichts, sagen Ihre Kollegen. Das kann man mit etwas Papier wieder abwischen. Haha.

2. bis 14. Juni 2020
Sie lesen die Bücher, die man Ihnen zum 21. Geburtstag geschenkt hat.

15. Juni 2020
Sie gehen zum Abschiedskonzert von Tina Turner. Sie sieht mit ihren 80 Jahren immer noch so gut aus, dass Sie gleich Karten fürs nächste Jahr holen.

16. bis 21. Juni 2020
Sie lesen die Bücher, die man Ihnen zum 22. Geburtstag geschenkt hat.

22 Juni 2020
Sie besuchen Ihre früheren Kollegen, um ihnen zu erzählen, wie gut Ihnen der Ruhestand bekommt. Dann bringen Sie noch mal zwei, drei Stunden lang die Sachen in Ordnung, die Ihre früheren Kollegen verschusselt haben.

23. Juni 2020

Sie stellen fest, daß Ihnen irgendwer zum
23. Geburtstag Buchattrappen geschenkt hat.

24. Juni 2020

Sie besuchen Ihre früheren Kollegen, um ihnen zu
erzählen, wie gut Ihnen der Ruhestand bekommt.

25. bis 29. Juni 2020

Sie lesen die Bücher, die man Ihnen zum
24. Geburtstag geschenkt hat. Leider haben Sie die
gleichen schon zum 22. Geburtstag bekommen.

30. Juni 2020

Sie finden in einem Regal die CD wieder, die Sie
immer schon mal hören wollten. Leider hat sich Ihr
Musikgeschmack inzwischen völlig verändert.

1. Juli 2020

Sie besuchen Ihre früheren Kollegen, um ihnen zu erzählen, wie gut Ihnen der Ruhestand bekommt. Leider sind die Büros von innen abgeschlossen.

2. Juli 2020

Sie kaufen sich eine Blume, damit Sie endlich ein Hobby haben.

3. Juli 2020

Sie beginnen damit, die Videokassetten zu sehen, die Sie vor 20 Jahren aufgenommen haben. Leider sind es die gleichen Filme, die im Oldie-Kanal rund um die Uhr laufen.

4. Juli 2020

Die Kollegen in Ihrem alten Büro machen die Tür immer noch nicht auf.

5. Juli 2020

Sie finden die Geschenkpäckchen vom 25. Geburtstag. Aber darin sind nur Socken, weil Sie in den Jahren zuvor nicht zum Lesen gekommen waren.

6. Juli 2020

Sie gehen nach all den Jahren endlich mal wieder in den Zoo. Leider stellen Sie fest, dass Sie sich überhaupt nicht für Tiere interessieren.

7. Juli 2020

Sie gehen in eine Bierstube unten an der Ecke. Sie stellen fest, dass Sie sich doch mehr für Tiere interessieren, als Sie bisher dachten.

8. bis 14. Juli 2020
Sie haben endlich mal Zeit für eine ordentliche Sommergrippe.

15. Juli 2020
Die Kollegen in Ihrem alten Büro machen die Tür immer noch nicht wieder auf.

16. Juli 2020
Sie haben genug vom Ruhestand und reichen vor dem Arbeitsgericht Klage auf Wiedereinstellung ein.

17. Juli 2020 bis 25. Mai 2035
Sie sind von morgens bis abends damit beschäftigt, Schreiben ans Gericht zu schicken, mit Anwälten zu konferieren und Widerspruch einzulegen. Deshalb müssen Sie das Angebot Ihrer Firma auf Wiedereinstellung ablehnen.

26. Mai 2035
Das Gericht weist Ihre Klage ab, weil Sie zu alt sind. Es lässt aber die Revision zu.

27. Mai 2035
Sie gehen zum Abschiedskonzert von Tina Turner. Sie sieht mit ihren 95 Jahren immer noch so gut aus, dass Sie gleich Karten fürs nächste Jahr holen.

20 beknackte Oldies

1. **Hildegard Knef** – Von nun an gings bergab
2. **Peter Alexander** – Die kleine Kneippkur
3. **Vadder Abraham** – Das Lied der Stützstrümpfe
4. **Udo Jürgens** – Siebzig Jahr, weißes Haar
5. **Mary Roos** – Nur der Schrittmacher lässt uns leben
6. **Gunther Gabriel** – Komm unter meine Rheumadecke
7. **Karat** – Sieben Krücken
8. **Udo Jürgens** – Der Pfleger hat den Schnaps gebracht
9. **Dorte** – Hätt'st du doch den Apfel bloß gerieben
10. **Jürgen Marcus** – Eine neue Leber ist wie ein neues Leben
11. **Hans Albers** – Auf der Pflegestation nachts um halb eins
12. **Wencke Myhre** – Beiß nicht gleich in jeden Apfel
13. **Freddy Quinn** – Lunge, komm bald wieder
14. **Roy Black** – Ganz in Schwarz
15. **Katja Ebstein** – Wunderheiler gibt es immer wieder
16. **Marlene Dietrich** – Ich bin von Kopf bis Fuß auf Doppelherz eingestellt
17. **Elvis Presley** – Muss i denn ins Altenheim
18. **Henry Valentino & Uschi** – Im Rollstuhl vor mir
19. **Chris Roberts** – Du kannst nicht immer siebzig sein
20. **Peter Alexander** – Sag beim Abschied leise Servus

Gehirn-Jogging für Ruheständler

Welches dieser Tiere ist so leicht wie ein Schmetterling?

Welches dieser Tiere frisst gerne Katzenfutter?

Welches dieser Tiere macht „Oink Oink"?

Welches dieser Tiere ist oft das einzige Lebewesen, das sich die Sorgen eines Ruheständlers geduldig anhört?

Das Hobby für den Ruheständler
Folge 347: Die Briefmarke

Anstelle eines Vorworts: ein Vorwort

Bestimmt 5 % der Bevölkerung sammeln in irgendeiner Weise Briefmarken. Das ist ein ziemlich hoher Anteil, denn selbst die Inflationsrate liegt mit vielleicht 2 % deutlich darunter.

Das Wesen der Briefmarke

Die Briefmarke ist, juristisch betrachtet, nicht einfach eine Briefmarke, sondern die Quittung für einen Rechtsvorgang, den man als den Kauf einer Briefmarke bezeichnet.

Die richtige Behandlung von Briefmarken

Briefmarken sind klein, aber handlich und pflegeleicht. Wöchentliches Staubwischen und Bohnern genügt.

Eine wichtige Frage ist: Wie löst man die Marken von Postkarten und Briefen?

Nun, der echte Sammler pflegt sie in lauwarmes Wasser zu legen, bis sie sich ablösen, spült sie dann ab (sog. „kalt abschrecken") und trocknet sie ab. Anschließend legt er sie zwei Stunden in den Kühlschrank und serviert sie kalt mit Obst, denn so schmecken sie am besten. Sondermarken isst man mit Messer und Gabel. Dauermarken darf man auch in die Hand nehmen.

Über Briefmarkenmotive

Man kann nicht nur nach Ländern sammeln, sondern auch Motive: Sport, Tiere, Pflanzen, Gemälde, Münzen, Bierdeckel, Türklinken, sogar Kanaldeckel.

Einiges über den Wert von Briefmarken

Als die teuersten Briefmarken gelten die Mauritius-Marken von 1847. Für sie müsste man sicherlich mehr als eine Million hinblättern, falls man nicht eine gute Tauschmarke zur Hand hat. Im Übrigen regelt sich der Preis wie jede vernünftige Sache nach Angebot und Nachfrage. Das heißt, je größer die Nachfrage, desto geringer das Angebot, und je größer das Angebot, desto geringer die Nachfrage. Der Preis aber hält sich da raus und macht sich einen schönen Abend.

Wie verhalte ich mich im Briefmarkengeschäft?

„Guten Tag, ich möchte den Schwarzen Einser von Bayern gestempelt und die Posthornserie Bundesrepublik ungestempelt. Und dann bitte noch fünf zu eine Mark und fünf zu eins-zehn."

Briefmarken und Sex

„Darf ich Ihnen meine Briefmarkensammlung zeigen, junge Frau?" Kein Ausdruck wird so häufig missverstanden wie dieser: Die meisten meinen, er deute auf irgendetwas, während er in Wahrheit nur auf Philatelie deutet.

Die Briefmarke im Strudel der Zeit

Früher wurde die Briefmarke von allen geschnitten – heute jedoch zeigt sie allen die Zähnung. Dabei ist sie aber sehr ausgewogen: Sie wiegt immer genauso viel wie ein Postwertzeichen. Na ja.

Die Briefmarke als Urgrund allen Seins

Ich sammle, also bin ich – ein Sammler.

Der lange Abschied

Es war mein letzter Arbeitstag und ich weiß nicht, wie es dazu kam, aber irgendwann am Nachmittag muss ich an meinem Schreibtisch eingeschlafen sein ...

... da flog plötzlich die Tür auf: Sämtliche Kollegen aus meiner Abteilung kamen hereingestürmt. Der Betriebsrat folgte und sogar der „Big Boss", Herr Dr. Pillhofer, hatte alle Termine abgesagt, um an meiner Verabschiedung teilzunehmen.

Mit rot geweinten Augen fiel er mir um den Hals und wollte gar nicht wieder loslassen. „Sie waren einer der Besten, ach, was sag ich ... der Beste waren Sie ..." kreischte er hysterisch. „Ihr Chef zu sein war die reine

Freude, Sie sind eine Zierde Ihrer Zunft, so einen wie Sie gibts nicht wieder…" Er verfiel in hemmungsloses Schluchzen. „Keine Ahnung, wie es ohne Sie weitergehen soll … ehrlich gesagt hätte ich nicht übel Lust, mir die Pulsadern aufzuschneiden!"

Noch bevor ich ihm das ausreden konnte, wurde er brutal beiseite gedrängt und die Sprecherin der weiblichen Auszubildenden umklammerte mich in Hüfthöhe. „Sie waren immer so nett und gütig – wir alle sind unsterblich in Sie verliebt und jede möchte ein Kind von Ihnen … die ersten Zwanzig von uns warten bereits in der Kantine auf Sie und haben sich schon mal freigemacht!"

Es folgten noch unzählige Umarmungen und Komplimente, sogar unsere ehemalige Putzfrau war erschienen. „Sie waren immer so sauber, dass es für mich nicht genügend zu tun gab. Deswegen wurde ich entlassen, habe mich notgedrungen entschlossen, das Abi nachzumachen und zu studieren und heute bin ich arbeitslose Akademikerin und das habe ich allein Ihnen zu verdanken!"

Es waren zutiefst anrührende Augenblicke und als es so weit kam, dass wir alle gemeinsam weinten, trieb mich meine natürliche Bescheidenheit dazu, mich still und heimlich aus dem Staub machen zu wollen – doch da hatte ich mich gründlich verrechnet: Ich wurde gepackt und quer durchs ganze Gebäude in den Konferenzsaal getragen. Dort wartete die riesengroße Überraschung: Die Geschäftsleitung hatte es sich nicht nehmen lassen, die Fischer-Chöre in voller Besetzung zu engagieren, welche ein Potpourri meiner Lieblingslieder (unter anderem „Satisfaction", „Hey Joe" und „Smoke On The Water") zum Besten gaben. Ich war so überwältigt, dass es mich schon kaum mehr wunderte, als anschließend Thomas Gottschalk auf die Bühne trat und eine herzerweichende Rede zu meiner Verabschiedung hielt.

Dann folgte die Überreichung der Geschenke (eine goldene Standuhr, ein Ferrari und eine 100-Zimmer-Villa in Palm Beach) und zu guter Letzt nahm mich Herr Dr. Pillhofer Huckepack und trug mich persönlich 27 Kilometer bis zu mir nach Hause, brachte mich ins Bett, erzählte mir noch eine schöne Geschichte, streichelte mir übers Haar und dann schlief ich so was von glückselig ein und wachte erst wieder auf ...

... als ein Karton auf meinen Schreibtisch geknallt wurde. Ich hob den Kopf und sah verwirrt in das Gesicht eines energischen Jünglings, der sich umdrehte und in den Flur rief: „Ey, ich dachte, der Typ ist im Ruhestand, was sitzt der denn hier noch rum und pennt?!"

Schon kam der Hausmeister angerannt, machte einen Bückling vor meinem Nachfolger, zerrte mich dann aus meinem Stuhl, drückte mir meine Tasche, das Foto meiner (geschiedenen) Frau und das von meinen Kindern (die nicht mehr mit mir sprechen) in die Hand, schubste mich zur Tür hinaus, den Gang entlang und in den Fahrstuhl.

„Jetzt gehe ich also in Ruhestand", sagte ich halblaut auf der Fahrt nach unten, aber der Hausmeister reagierte nicht.

Unten – auf dem Weg zum Ausgang – kam uns eine Kollegin entgegen. „Ich gehe jetzt in den Ruhestand!" rief ich ihr zu. Sie nickte gedankenverloren, und als sie an uns vorüber war, hörte ich sie murmeln: „Na, Gott sei Dank."

Ich war dem Hausmeister sehr dankbar, dass er

darauf verzichtete, mir einen Tritt zu geben, als er mich dann nach draußen geleitete.

Er schloss die Tür, und während ich so am Straßenrand neben dem Müllcontainer stand und all die schönen Jahre der Berufstätigkeit Revue passieren ließ, hielt vor mir eine schicke Limousine.

Herr Dr. Pillhofer stieg aus, ging achtlos an mir vorbei, dreht sich dann aber unvermittelt um und betrachtete mich eindringlich. „Sie gehen heute in den Ruhestand?!"

„Ja", antwortete ich bescheiden.

„Aha ... dann ist es ja gut, dass ich Sie noch treffe." Er griff mit einer großen, Hoffnung machenden Geste in seine Innentasche und holte einen Umschlag hervor, den er mir lächelnd überreichte.

„Aber das wäre doch nicht nötig gewesen", sagte ich, während ich den Umschlag aufriss.

„Doch", gab Dr. Pillhofer energisch zurück. „Das ist durchaus nötig!"

In dem Umschlag befand sich eine Rechnung über 157,30 DM und ich sah Dr. Pillhofer verständnislos an.

„Das ist der Betrag, den Sie uns für Fotokopien schulden, die Sie im Laufe der Jahre nachweislich für Ihren Privatgebrauch gemacht haben", erklärte er und fügte hinzu: „Es wäre mir sehr recht, wenn Sie das Geld gleich jetzt in bar dabeihätten ... dann könnten wir auf jede weitere Korrespondenz mit Ihnen verzichten, was uns allen sehr lieb wäre."

Ich zahlte, er ging grußlos davon und auch ich machte mich auf den Heimweg und überlegte unterwegs, dass es doch eigentlich eine nette Idee wäre, wenn ich nächste oder übernächste Woche mal meine alten Kollegen besuchen würde ... Ob ich dann Kuchen mitbringen sollte?!

Alles wird gut

Forschern ist es kürzlich gelungen, den Sinn des Lebens herauszufinden. Er besteht darin, in den Ruhestand zu gehen. Das hat eine repräsentative Umfrage unter 15 Beamten und 12 Möbelpackern ergeben. Damit sind frühere Annahmen widerlegt, dass es um die Erweiterung des Wissens, um die Erforschung der Welt oder um die Suche nach Gott und dem ewigen Glück gehen könnte.

Die Zeit vor dem Ruhestand heißt Vorruhestand. Diese Zeit ist notwendig, um sich auf den Ruhestand vorzubereiten. In dieser Zeit geht es im Wesentlichen darum, die Gesundheit zu ruinieren, damit man später im Ruhestand nicht mehr allzu fit ist. Viele Leute gehen dafür extra in ein Büro, setzen sich hinter eine Aldi-Kasse oder schieben Mülltonnen zu großen Autos.

Wem das so nicht schnell genug geht, der kann mit Zigaretten und Alkohol nachhelfen. Im Vorruhestand hat man deshalb werktags an jedem Abend Feierabend. Man kommt nach Hause, wirft erst mal die Füße auf die Couch und mit dem Rest geht man dann in die Küche, um sich etwas zu essen zu machen. Da man dafür allerdings keine Zeit hat, weil man erst später im Ruhestand richtig Zeit haben soll, gibt es Mikrowellen-Pommes mit fetter Wurst. Das geht schnell und ist genauso ungesund wie Zigaretten und Alkohol. Nur die Todesursache heißt anders. In den Nächten muss man lange fernsehen, weil man als Zielgruppe gebraucht wird. Dann ist man tagsüber so kaputt, dass man nicht richtig arbeiten kann, Ärger mit dem Chef kriegt und noch ein bisschen früher seine Gesundheit ruiniert hat.

Um später einmal mehr vom Ruhestand zu haben, muss man sich während des Vorruhestands furchtbar anstrengen. Dann verdient man mehr Geld und kann dem Staat mehr Geld abgeben, damit er es denen gibt, die schon im Ruhestand sind. Später, wenn man selbst im Ruhestand ist, hat der Staat dann das ganze Geld ausgegeben. Deshalb muss man vor dem Ruhestand etwas sparen, damit man nicht den ganzen Ruhestand über sparen muss.

Wenn man alles richtig gemacht hat, ist der Ruhestand praktisch unvermeidbar. Dann wird man beim fahrbaren Mittagstisch aufgenommen, ist beim Fernsehen keine Zielgruppe mehr, kriegt Werbung von der Sozialstation und muss eine Wohnung in den oberen Stockwerken nehmen, damit man sich einen Treppenlift kaufen kann, oder eine Wohnung auf Mallorca.

Horoskop für Ruheständler

Widder 21.3.–20.4.
Montag: Ruhestand. Dienstag: Ruhestand. Mittwoch: Ruhestand. Donnerstag: endlich mal zum Arzt. Freitag: Ruhestand. Samstag: Lottodauerschein abgeben; Auto waschen. Sonntag: Auto fahren. Montag: Ruhestand. Dienstag: Ruhestand. Mittwoch: Ruhestand. Donnerstag: Ruhestand. Freitag Ruhestand. Aber Samstag! Samstag werden Ihre Zahlen gezogen! Na toll!!

Stier 21.4.–20.5.
Na, herzlichen Glückwunsch – Sie brauchen nie wieder zu arbeiten! Und wenn Sie sich den lieben langen Tag die Falten aus dem Sack schlagen – da kann Ihr Chef Ihnen nichts! Ach, Sie arbeiten schon seit zwanzig Jahren nicht mehr? Dann kann Ihr Chef Ihnen schon gleich überhaupt gar nichts mehr! Herzlichen Glückwunsch nachträglich!

Zwillinge 21.5.–21.6.
Nun hören Sie auf zu jammern. Was wollen Sie eigentlich?! Im Gegensatz zur arbeitenden Bevölkerung können Sie ebendieser tagaus, tagein nach Herzenslust auf der Tasche liegen, Tauben vergiften, Supermarktkassen blockieren, Gummistrümpfe stopfen, streng aus der Wäsche gucken respektive riechen ... Also, carpe diem! (Vorsicht vor dem Hunde!)

Krebs 22.6.–22.7

Sie sind gesund und munter, ja reich und rüstig – Sie könnten gut und gern, ja recht und schlecht noch zehn Jahre leben. Aber wer winkt Ihnen in Ihrem Nachtschlaf und Ihren nachmittäglichen Nickerchen im Traum eigentlich immer so leutselig zu? Carolin Reiber? Gotthilf Fischer? Leider nein. Petrus ists, der Schelm der.

Löwe 23.7.–23.8.

Ach ja, was sind Sie doch noch ulkig unternehmungslustig und fix fidel mit Ihren 100 Jahren! Also auf! Spazierstock geschnappt und hinein juchhe in Loden und gewichste Juchten: Wie wärs mit 'ner flotten Sause ins Grüne, ins Blaue oder – gar ins Rote? Olala, c'est la viagra! Hoch die „Tassen"! Prostata!

Jungfrau 24.8.–23.9.

Katheder mit Katheter getauscht – und nun? Ihre Frau ist Ihre Vorlesungen aus dem Anzeigenblättchen längst leid. Enten füttern? Oder braten und selber futtern? Sind Sie als Jungfrau nicht das Sternzeichen für. Vorschlag zur Güte: private Podiumsdiskussionen über Renten, Enten und andere Entitäten. Das gibt wieder Tinte auf 'n Füller!

Waage 24.9.–23.10.

Planlos? Machen Sie sich doch einfach selber einen. Und so gehts: Montag: Kalender kaufen. Dienstag: eintragen: Mittwoch: alle neune werfen. Donnerstag: Anzeige formulieren wegen Ruhestörung. Freitag: hämisch gucken. Samstag: Treppenhausreinigung überwachen. Sonntag: in den Klingelbeutel spucken. Montag: zweiter Frühling.

Skorpion 24.10.–22.11.

Kommt ein Rentner zum Astrologen: „Wie lang hab ich eigentlich noch zu leben?" Fragt der Astrologe: „Welches Sternzeichen sind Sie denn?" Sagt der Rentner: „Skorpion." Fragt der Astrologe: „Und wie alt sind Sie?" Sagt der Rentner: „Morgen werd ich 70." Der Astrologe schaut grübelnd in seine Unterlagen: „Sind Sie sicher, dass Sie Skorpion sind?"

Schütze 23.11.–21.12.

Auch mit einer schmalen Rente brauchen Sie auf Sex keineswegs zu verzichten: Jeden Freitag zwischen 17 und 18 Uhr ist im Nachtclub „Methusalem" in der Käthe-Kruse-Straße Happy-Hour-Petting angesagt! Garantiert keine unserer Damen ist älter als Sie! Und der Clou: Brotzeit und Ponysekt dürfen Sie selbst mitbringen!

Steinbock 22.12.–20.1.
Kommen Sie doch Mittwoch um 15 Uhr zum Tanztee im Gemeindehaus! DJ Sudden Death – der Shootingstar des Seniorengroove – legt coole Gassenhauer auf. Es gibt Kaffee und Kuchen, Likör und Malheur satt. Wer am längsten durchhält, hat gewonnen!

Wassermann 21.1.–20.2.
Das haben Sie sich auch anders vorgestellt, was? Lange poofen, jeden Tag Pralinen oder lecker Wurstsalat geschenkt kriegen, poppen, bis der Arzt kommt und bloß aus Spaß die eine oder andere Lobeshymne auf sich selbst singen. Tja. Oder sind Sie gar kein Wassermann, Sie Witzbold?

Fische 21.2.–20.3.
Sie hingegen haben sich das genau so vorgestellt, was? Lange poofen, jeden Tag Rosen oder lecker Parfüm geschenkt kriegen, poppen, bis der Arzt kommt und bloß aus Spaß die eine oder andere Lobeshymne auf Ihren Lover singen. Aber Sie sind ja auch noch jung, Sie Glücklicher!

Die Kaffeefahrt

Seufzend, um ein Weniges schnaufend und dem eigenen Ich gleichsam als ein Fremder noch zugeordnet, stellte Herr Peter sich selbst auf die Beine, welche die seinen waren und ihm persönlich eigneten. Wie ein fernes Donnergrollen bebte das Wort vom schwarzen Arabertrunk durch die Schluchten seines Oberhirns, ward im Gehäuse vom einen Ohr bis zum andern geworfen und verhallte in den steilen Irrwegen tief innerhalb der grausigen Masse.

Den Druck des nach Dunkelheit und Finsternis sich schier fast verzehrenden Seelengerätes durch Reibemachen auf die in Höhlen gleich Körbchen einliegenden Augapfeldinger mildernd, warf an sich die Körpermaschine und setzte in langsame Bewegung, dem Fortkommen dienlich, sich. Schon hatten die noch irgendwo unterhalb der Unterschenkel befestigten Fußinstrumente, in Schlappen alsbald nun steckend und dieselben mit ihren Formen und Gerüchen ausfüllend, die ersten Zentimeter der Reise zurückgelegt und bewältigt, schon zog die Peter geheißene Apparatur den Odem zu benamsenden Dampf als ein durchsichtiges Luftgewirk ein in das Eigenselbst und aus, die Leben spendende Äthersache in thermophysikalischer Reaktionskette irgendwie benutzend, da schob auch schon das Person zu nennende Menschenwesen Stück um Stück jetzt voran, entfernte sich Zug um Zug vom Fleck, an dem es zuvor noch aufhalten gewesen war, und rückte nach vorne, dem nur zu bekannten Ziel und Zweck zu. Vorwärts kam der notorische Held.

Nicht waren viel Zeit und Stunden geschweige denn vergangen, da bog das belebte Gefährt ein in das Zielgelände und ließ auf dem bereitgehaltenen Platz, der im großen Kosmos der Dinge als Stuhl unfehlbar ausgewiesen war, nieder sich selbst, das Hinterquantum zur leichten Landung samtig aufsetzend sachte. Nun war am Erfüllungsort seiner Wünsche, um deren willen er alles auf sich genommen gehabt, er. Hob oder hebte das Ende seines in den Körper wie hineinwachsenden Arm genannten Schlauchs oder besser Tentakels, greifte, ja griff mit gutem Recht über die Tisch geheißene Platte, schwang mit nur ganz leicht noch müdem, ja beinahe nicht mehr abwesendem Griff die vollene Tasse Kaffees an Lippen sein und schlürfte schlürfend. „Uähh!", spratzelte Peter, „heiß!"

Hatte zu viel versprochen sich er? Sollte Kaffeefahrt sein, die Reise vom Sofa zur Eßeck, sich fürbass gelohnt haben nicht? Alles umsonst? Indes, an dieser Stelle und zum vielleicht noch glücklichen Beschluss des groß-großen Abenteuers sprach nun Animateurin hier, sein Weiblein und Frauchen, ihn lieblich, vielleicht freundlich, ja jedenfalls an, und bald hatte rückgefunden ins Leben er. Na ja, warum auch nicht.

Wie im Vatikan aus gewöhnlich gut deformierten Greisen verlautet, hat Papst Johannes Paul II. sich heilig gesprochen

Eine Frage, Dr. Krampnagel!

> Zur Zeit mache ich eine Lehre als Dachdecker. Es gibt jede Menge zu tun und ich bin bestens zufrieden. Sorgen allerdings bereitet mir der Gedanke, was ich später mal mit meiner Zeit anfangen soll, wenn ich erst im Ruhestand bin. Ich möchte dann nicht dasitzen und feststellen, dass mir nichts Besseres einfällt, als der Tapete beim Knistern zuzuhören. Haben Sie einen Tipp?
> André Birk (19), Hürth

Lieber André,

es beeindruckt mich sehr, dass jemand in Ihrem Alter so vorausschauend denkt und tatsächlich habe ich einen Vorschlag für Sie: Wenn Sie bis zu Ihrem Ruhestand jeden Monat 25% Ihres Einkommens nehmen, in ein kleines Säckchen packen und dieses dann mit verbundenen Augen ganz tief im Garten vergraben,

haben Sie nicht nur eine ebenso aufregende wie aufreibende, sondern auch eine höchst lukrative Beschäftigung, wenn Sie dann mal Ruheständler sind. Viel Vergnügen wünscht
    Ihr
Dr. Krampnagel

Eine Frage, Dr. Krampnagel!

Mein Leben lang habe ich mich auf den Ruhestand gefreut – nicht zuletzt, weil ein Besuch in unserem hiesigen Bordell für Ruheständler nur die Hälfte kostet. Jetzt bin ich endlich im Ruhestand, aber leider mittlerweile auch impotent. Das ist doch irgendwie ungerecht, oder?!

Heribert Diehl (65), Asbach

Lieber Heribert,
wie konnten Sie nur so furchtbar naiv sein?! Jeder weiß doch – und die Inhaber des Bordells offensichtlich auch –, dass bei Ruheständlern insbesondere unterhalb der Gürtellinie völlige „Ruhe" herrscht. Tja, wie heißt es so schön: „dumm gelaufen".
    Ihr
Dr. Krampnagel

Das ABC der beliebtesten Ruhestands-Beschäftigungen

A USRUHEN
B EHAGLICH MACHEN (es sich ...)
C HAISELONGUE (bequem auf der ... liegen)
D ÖSEN
E NTSPANNEN
F AULENZEN
G ÄHNEN
H EBEN (bloß nicht schwer ...)
I DYLLE (die ... genießen)
J ÄGERMEISTER (... trinken)
K OPFKISSEN (... gelegentlich aufschütteln)
L IEGEN
M ATRATZE (an der ... horchen)
N ÜTZLICH MACHEN (sich bloß nicht ... ...)
O HR (sich aufs ... hauen)
P ENNEN
Q UIZSENDUNG (... anschauen)
R ELAXEN
S CHLAFEN
T RÄUMEN
U EBERANSTRENGUNGEN
   (... tunlichst vermeiden)
V EGETIEREN
W ÄRMFLASCHE
X -MAL (... Anlauf nehmen und dann doch nicht hochkommen)
Y UCCA-PALME (der ... beim Vertrocknen zugucken)
Z WIEBACK (genüsslich an einem ... mümmeln)

Stimmt es eigentlich, ...

... **d**ass viele ältere Menschen nachts mit vier Stunden Schlaf auskommen?

Das stimmt. Dafür brauchen sie aber auch sechs Stunden Mittagsschlaf.

Im Brennpunkt:
Der große Streik

Im Trubel um den öffentlichen Verdienst ist ein anderer Konflikt etwas untergegangen. Die Erhöhung der Bezüge um 1,7% für Rentner, auf die man sich nach harten Verhandlungen zwischen dem Innenminister und den Rentenversicherungen einigte, reichte den alten Leutchen merkwürdigerweise nicht, und deshalb traten die Rentner geschlossen in den Streik. „Eine Vier hinter dem Komma!" war ihre Forderung, und seit Wochen sind sie im Ausstand. Nach einem Warnstreik, bei dem sie das Parkbanksitzen verweigerten, ging der Konflikt in die heiße Phase. Die Rentner nehmen ihre Pflichten als Konsumenten einfach nicht mehr wahr. Statt von der Wurststulle ernähren sie sich von Margarinebroten, die Gänseleberpastete wird durch Chappi ersetzt und wo früher der Schampus floss, brüht man sich jetzt Pfefferminztee auf. Den Enkeln wird der Taschengeldzuschuss gestrichen, und statt Mallorca ist jetzt ein sonniges Plätzchen im Volkspark angesagt. Wird unsere Gesellschaft diesen Streik unbeschadet überstehen? Der Minister ist zuversichtlich. Ein Nachgeben kommt für ihn nicht infrage. Schließlich müsse man sparen, und irgendwo müsse man anfangen, hart zu bleiben.

Amtshausen, Regierungsbezirk Steuerheim. Herr Oberregierungsrat Hans-Jürgen Muster scheidet morgen nach über vierzigjährigem Ruhestand aus dem Staatsdienst aus.

FÜR DIE STATISTIKER:

Ja, da schau her!

23% der Ruheständler freuen sich, weil sie morgens nicht mehr rausmüssen!
31% freuen sich, weil sie jetzt endlich Zeit für ihre Kinder haben, die allerdings inzwischen erwachsen sind und keine Zeit haben!
Und **45%** freuen sich schon aufs nächste Leben, weil sie dann endlich wieder zur Arbeit gehen können!

Hat man Worte?

33% aller Ruheständler wissen nicht, wo all die Jahre geblieben sind!
41% wissen nicht, wo all die Haare geblieben sind!
Und **25%** wissen nicht, wo all die Rentenbeiträge geblieben sind!

Nicht zu fassen!

4% aller Ruheständler züchten Tauben!
3% züchten Orchideen!
Und ganze **57%** züchten Fußpilze!

Heiliger Bimbam!

50% aller Ruheständler treffen sich mit den alten Kollegen regelmäßig zum Kartenspielen!
27% treffen sich mit den alten Kollegen regelmäßig zum Kegeln!
Und **9%** treffen sich mit den alten Kollegen regelmäßig vor Gericht!

Ein starkes Stück!

11% der Ruheständler wollen jetzt mehr Zeit mit Lesen verbringen!
23% wollen jetzt mehr Zeit im Garten verbringen!
Und **62%** wollen jetzt mehr Zeit unter Alkoholeinfluss verbringen!

Ach, du dicker Vater!

38% der Ruheständler haben zum Abschied eine goldene Uhr bekommen!
32% haben zum Abschied ein Fahrrad bekommen!
17% haben zum Abschied Hausverbot bekommen!

Sachen gibt's
Auf Rentnerpirsch

Herr F., Sie sind Rentnerfotograf und möchten anonym bleiben. Warum?
F.: Darum.

Wollten Sie schon immer Rentnerfotograf werden?
F.: Um Gottes willen. Meine Vorbilder waren Jupp Darchinger Jacques Daguerre, und Robert Mapplethorpe. Ich habe mich immer als Künstler begriffen.

Ist denn das Fotografieren von Rentnern keine Kunst?
F.: Nein. Allenfalls das Aufspüren von Rentnern.

Wieso? Rentner laufen doch überall frei herum.
F.: Aber keine fotogenen. Ich arbeite ja exklusiv für den „Spiegel", und der ist sehr wählerisch. Gedruckt werden nur Fotos von Rentnern, die dick und fett auf der Bank sitzen oder Enten füttern.

Der „Spiegel" hat aber auch schon Fotos von Rentnern beim Snowboarden veröffentlicht ...
F.: Ja, natürlich, aber das waren keine klassischen Rentnerfotos, sondern Junge-Alte-Fotos. Das ist was anderes. Ich bin nur für traditionelle Rentnerfotos zuständig.

Und wo finden Sie Ihre Modelle?
F.: So vor zwanzig Jahren habe ich einfach Schnappschüsse im Park gemacht. Irgendwann sind die Rentner dahintergekommen und haben Honorar dafür verlangt. Anfangs nur Freikarten fürs Freilichttheater oder Underbergfläschchen ...

... die mit Packpapier drumherum.
F.: Genau. In den Achtzigerjahren sind die Preise steil gestiegen. Da mussten es schon Taunusrundfahrten sein oder Thrombosestrümpfe aus Naturwolle und so weiter. Total verdorben worden sind die Preise dann aber erst durch die Fotografen des Nachrichtenmagazins „Focus". Die haben den Rentnern Kaviar und Karibikflugreisetickets nachgeschmissen, und da konnte einer wie ich nicht mehr mitbieten. Wenn ich jetzt Rentner fotografieren will, muss ich mich im Gebüsch verstecken, wie heute hier in Bad Pyrmont vor der „Seniorenresidenz Kuckuckshöhe", und ich kann nur hoffen, dass mal einer rauskommt, um diese hungrige Ente zu füttern, die ich dressiert und mitgebracht habe.

Rechnen Sie damit, dass Sie Erfolg haben werden? Immerhin stehen wir hier schon seit zwei Stunden im Eisregen.
F.: Schwer zu sagen. Manchmal hat man Glück. Der „Spiegel" will in der übernächsten Ausgabe die

Rentenreformpläne der Bundesregierung verfrühstücken, und der zuständige Bildredakteur hat mir gesagt, dass er dafür ein scharfes Rentnerfoto braucht. Die Bildunterschrift steht schon fest. „Rentner 2000: Öfter mal was Altes", das soll untendrunter stehen.

Und jetzt fehlt nur noch das Rentnerfoto für obendrüber?
F.: Pscht, da kommt einer!

Wo?
F.: Da vorne rechts!

Wie ein Rentner sieht der aber nicht gerade aus ...
F.: Ist ja auch ein Frührentner ... verdammt, jetzt geht er weg!

Hat einen ziemlich flotten Gang, der Bursche.
F.: Ja, das muss man ihm lassen. Ich wollte, ich wäre Mammographiefotograf geworden.

Bitte was?
F.: Mammographiefotograf. Dann könnte ich in einer gut geheizten Frauenarztpraxis sitzen und Brüste knipsen, die einer Mammographie unterzogen werden. Tausende von Brüsten. Millionen von Brüsten. Milliarden von Brüsten! Haben Sie mal Feuer?

Herr F., ich danke Ihnen für dieses Gespräch.

Die praktische Ecke:
Für Rentner, die viel Zeit haben

Kniffelecke
Durch Umlegen von nur zwei Streichhölzchen ergibt sich ein Muster, das einem Streichholzhaufen verblüffend ähnlich sieht. Schaffen Sie's?

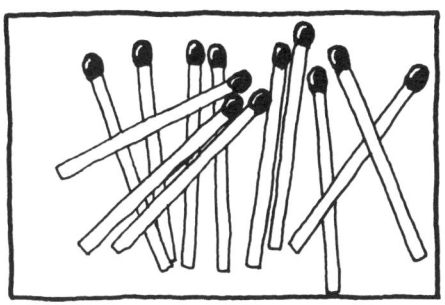

Höchste Zeit für geilere Altersheime

Als niemand mehr freiwillig ins Altersheim wollte, wurden die Altersheime nicht reformiert oder revolutioniert oder abgeschafft, sondern umgetauft. Das war alles. Fortan hießen die Altersheime Seniorenresidenzen. Man kann sich zusammenreimen, welcher Gedankengang dazu geführt hatte: „Altersheim", werden sich die Leute gedacht haben, das klingt nach Abstellkammer, Siechtum und sozialer Härte. Man denkt an herunterhängende Hosenträger, weggetretene Diabetikerinnen, die nie Besuch kriegen, tote Fliegen auf der Fensterbank und miesen Blumenkohlgeruch, der in ungelüfteten Korridoren steht, während einen das Wort „Seniorenresidenz" doch immerhin irgendwie aristokratisch anfunkelt wie ein Edelstein, auch wenn er nicht echter ist als der Schmuck, der in manchen Automaten zwischen den

Kaugummis herumrollt. Auch in Seniorenresidenzen riecht es nach Blumenkohl, und es wird dort nicht weniger gesiecht als ehedem im Altersheim. Wer altert, wird irgendwann auch siechen. Das ist der Gang der Dinge, den man beklagen, aber nicht aufhalten kann. Und dennoch kann man etwas unternehmen. Nirgendwo steht geschrieben, dass Altersheime alias Seniorenresidenzen Tristessemagneten sein müssten. In absehbarer Zeit werden die so genannten Apo-Opas und -Omas bei ihrem Marsch durch die Institutionen ja nach und nach auch in die umbenannten Altersheime vordringen. Das wird hoffentlich zu einem Innovationsschub führen, der eines Tages den Nachgeborenen zugute kommen wird. Das Altersheim der Zukunft muss jedenfalls anders aussehen als die durchschnittliche Seniorenresidenz der Gegenwart. Was es möglichst bald in jedem anständigen Altersheim geben sollte, sei hier kurz aufgelistet:

– einen rund um die Uhr geöffneten Kiosk, wo man alles bekommt, was man braucht oder brauchen könnte (Pralinen, Weizenbier, Champagner, Vergissmeinnicht, Romeo & Julieta No 4, Kukident, Grappa,

3D-Brillen, Dickmanns, Schlaftabletten, Pringles, Wegwerfkameras, Whisky, Kuchen, Blättchen, Druckertinte, Odol, Cabernet Sauvignon u.a.),

– bärenstarke Zivildienstleistende, die auch nachts um drei bereitwillig eine Kiste Bier herbeibringen, wenn es einmal etwas „höher" hergehen sollte und die Alten noch Durst haben,

– eine Rotlichtmeile im Kellergeschoss, mit Amüsierschuppen, die bis in die Puppen geöffnet haben,

– Lieferung weicher Drogen (Zimmerservice),

– bunte Abende mit Flaschendrehen, Hammerwerfen, Nikotinmissbrauch und Engtanz,

– Lesungen von Harry Rowohlt,

– Ächtung aller Chorknaben, die den Alten „Am Brünnlein vor dem Tore" vorkrähen wollen,

– täglich schöne alte „Dick-und-Doof"-Filme im heimeigenen Kinosaal,

– individuell gestaltbare Mahlzeiten,

– leckeres Essen,

– Rockkonzerte,

– Partnertauschbörse,

– Flugbeschränkung für Makramee-Eulen.

Und das ist nur der Anfang. Es liegt an den „jungen Alten" von heute, dieses Reformprojekt auf den Weg zu bringen. Jede Generation, die ihren Lebensabend in einer herkömmlichen Alterungskaserne verdämmert, zwischen Blumenkohlschwaden, Chorknabengezwitscher und Rosenkränzen, ist eine zu viel.

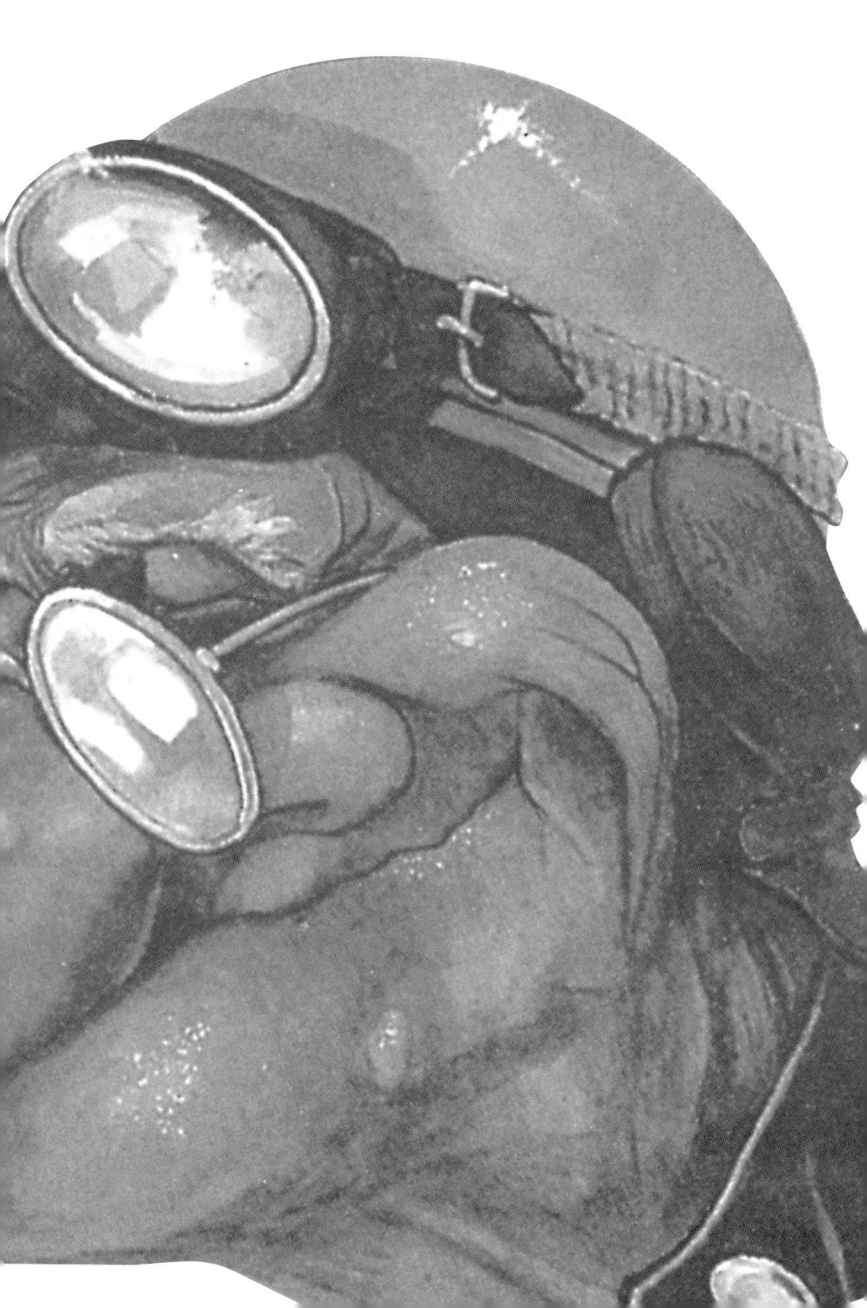

Was man im Ruhestand alles sammeln kann

1. Cordsamthosen
2. Quittungen
3. Bierdeckel
4. Schimpfwörter
5. Druckfehler
6. Kakteen
7. Altägyptische Fruchtbarkeitssymbole
8. Eingewickelte Zuckerstücke
9. Guckkastenbilder
10. Hosen von Derbysiegerjockeys
11. Raritäten
12. Schneckeneier
13. Primitive Kunst
14. Christbaumschmuck
15. Trinkhörner
16. Hufeisen
17. Petitpointstickereien
18. Lebkuchenformen
19. Batterien
20. Kuriosa

Ganz ordentlich

Auf ein ordensreiches Leben kann Schwester Gerda in diesen Tagen zurückblicken. Schon in jungen Jahren trat sie als Novizin in den Hosenbandorden ein, ging dann für kurze Zeit in den Pour le Mérite und wechselte schließlich gegen ein ordentliches Handgeld in den Großen Verdienstorden, wo es mit der Bezahlung als Ordensschwester natürlich wesentlich besser aussah. Während eines Auswärtsspiels beim Malteserorden entdeckte sie ihre Vorliebe für Aquavit, und in der Folgezeit führte sie ein recht haltloses Leben, das sie unter anderem in den Johanniterorden, den Sankt-Georgs-Orden und den Leninorden verschlug.

Inzwischen ist Schwester Gerda nicht mehr die Jüngste, sie hat es im Eisernen Kreuz und nur noch einen Wunsch: einmal im Leben in den Orden wider den tierischen Ernst zu kommen. Aber das wird wohl nichts mehr werden, denn der tierische Ernst hat sich bereits strikt dagegen ausgesprochen.

Vorzeitiger Ruhestand

Lieber Herr Eggebrecht!

Das neue Schuljahr hat begonnen. Wir von Ihrem alten Deutschkurs und von der Theater-AG müssen nun ohne Sie auskommen, denn Sie haben Ihren vorzeitigen Ruhestand angetreten. Ihr Nachfolger, Herr Kellner, ist ganz in Ordnung, wenn man davon absieht, dass er lispelt und eine extrem „feuchte Aussprache" hat, aber wir werden uns schon mit ihm „zusammenraufen".

Jetzt sitzen Sie also mit ihren 42 Jahren als Frührentner endgültig in Ihrem geliebten Kotten auf Amrum und müssen keine Arbeiten mehr korrigieren. Das muss himmlisch für Sie sein. Grüne Wogen rollen an den Strand, dicke Möwen nisten unterm Dachfirst, im Kühlschrank steht ein „kühles Blondes", und in der Luft liegt der Geruch von Meersalz, Tang und Abenteuer, Fisch und Freiheit. Das haben Sie sich verdient. Wir hoffen nur, dass Sie bisweilen an Ihren alten Deutschkurs zurückdenken, der Ihnen so unendlich viel zu verdanken hat.

Denn auch in uns ist die Erinnerung noch wach. Sie haben uns Kafka, Brecht und Hesse näher gebracht, uns eine Doppelstunde lang über die Rechtschreibreform diskutieren lassen und davon Abstand genommen, unseren Mitschüler Helmut Ellermann zu verpetzen, als er einmal mit mehr als 1,2 Promille im Unterricht erschien und Ihnen mit einem gezielten Hieb einen Schneidezahn ausschlug, an dem Sie dann noch fast erstickt wären. Gut fanden wir auch, dass wir von der Theater-AG unter Ihrer Regie Dürrenmatts „Physiker" aufführen durften. Da war Pep drin, und die „Message" hat uns alle sehr nachdenklich gemacht. Natürlich hatten wir den Physikern auch vorher schon skeptisch bis ablehnend gegenübergestanden, sonst hätten wir ja Leistungskurs Physik gewählt und nicht Leistungskurs Deutsch, aber so richtig sind uns die Augen erst während der Proben aufgegangen. Im Zeitalter der Globalisierung tragen eben auch die Naturwissenschaftler ein „gerüttelt Maß" Verantwortung für die Entwicklung der Gesellschaft. Jeder ist seines Glückes Schmied, aber die Erde ist unsere gemeinsame Heimat, die wir nicht den Technokraten und „Fachidioten" überlassen dürfen. Das haben wir daraus gelernt, und wir lernten es gerne, denn wir hatten einen guten Lehrer.

Sie waren, alles in allem, sogar mehr als ein Lehrer für uns. Sie waren ein väterlicher Freund, auch wenn wir hin und wieder Kritik an Ihnen übten, vor allem wohl an Ihrem komischen Bart. In einer Demokratie, das haben Sie uns beigebracht, kann jeder sich rasieren, wie er will, aber seien wir ehrlich – für alle, die jemals einen Blick auf ihn werfen mussten, war Ihr Bart eine Herausforderung. Und wie viel mehr für uns, die wir fast tagtäglich dieses graubraune, ausgefranste, unten spitz zulaufende, gelegentlich auch mit Zahnpasta und Brotkrümeln angedickte Ungetüm anzustarren hatten, weil wir um jeden Preis den Blick in Ihre Schweinsaugen vermeiden wollten. Helmut Ellermann hat einmal sehr schön auf den Punkt gebracht, was uns an Ihren Augen störte: „Eggebrechts Pupillen sehen aus wie Sickergruben, in denen gerade zwei Katzen ersäuft worden sind."

Sie werden es uns nicht „krumm nehmen", wenn wir an dieser Stelle auch noch einmal auf die Sache mit Matthias Busch zu sprechen kommen. Wie Sie wissen, wurde er vor zwei Jahren der Schule verwiesen, nachdem er in der großen Pause auf der Mädchentoilette angeblich den Hausmeister sexuell belästigt hatte. Erst durch eine vertrauliche Mitteilung von Herrn Kellner ist uns zu Ohren gekommen, dass Sie und der Hausmeister es schon lange vorher darauf abgesehen hatten, Schüler in kompromittierende Situationen zu bringen, um Einzelne von uns hinterher erpressen zu können. Jetzt wundert es uns nicht mehr, dass Sie manchmal im Bikini und in Stöckelschuhen zum Unterricht erschienen sind und danach getrachtet haben, uns durch laszives Wackeln Ihres Allerwertesten zu erregen. Zum Glück waren wir gegen solche Versuchungen gefeit, da uns Ihr Lebendgewicht von mindestens 250 bis schätzungsweise 290 oder 320 Kilogramm davor bewahrte, in Ihnen ein begehrenswertes Sexualobjekt zu erkennen.

Mit Verlaub, Herr Eggebrecht, aber Sie sind schon ein aberwitzig mieses Dreckschwein. Jemanden wie Sie würden wir nach unserem heutigen Kenntnisstand nicht einmal mehr mit der Kneifzange anfassen. Am furchtbarsten war es, als wir mit Ihnen nach Griechenland fahren mussten. Sie wissen es vielleicht nicht mehr, aber Sie haben damals ganz alleine im Bus eine Flasche Ouzo ausgetrunken und anschließend die 0,7 Liter Ouzo, eine Grillplatte und sieben Bier in Steffi Dählmanns offene Kühltasche gereihert. Helmut Ellermann hat den gesamten Vorgang auf Video mitgeschnitten. Es handelt sich um ein sehr interessantes Band. Wir haben schon mit dem Gedanken gespielt, es öffentlich vorzuführen, vielleicht hier in der Aula, vielleicht aber auch im Inselkino auf Amrum. Aber dann dachten wir uns, dass es nicht fair wäre, das zu tun, bevor wir Sie gefragt haben, was Ihnen dieses Videoband wert ist. Wir taxieren seinen Preis auf rund zehntausend Euro, zahlbar in kleinen Scheinen. Was meinen Sie?

Wir wünschen Ihnen noch viel Spaß in Ihrem Inseldomizil, denken immer wieder gerne an Sie zurück und rechnen zuversichtlich mit einer Antwort von Ihnen bis zum nächsten Ersten. Sie waren der beste Lehrer, den wir je hatten.

Herzlich grüßen

Dieter   Philipp
Matze   Ina   Bully   Dörte
Andrea Harald   Susi   Hacky
Schorsch   Jason   Ken   Kristina
Fabienne   Maik   Elke
Evelyn   Tina   Ina   Torsten   Ulf
Rubbel   Brigitte

und ihr alter Freund

Helmut Ellermann

Nöckelmuhl im Ruhestand

Der Lehrer Alfons Nöckelmuhl
Quält nur noch ungern sich zur Schul'

Zum Unterricht fehlt ihm die Lust
Selbst in den Pausen schiebt er Frust

Schon lang träumt er vom Ruhestand
Macht täglich Striche an die Wand

Nie mehr so früh das Bett verlassen
Würd Nöckelmuhl besonders passen

Heut endlich, endlich ists so weit
Zum Abschied ist er nun bereit

Die Reden woll'n kein Ende nehmen
Und auch Geschenke soll es geben

Ein letzter Blick, ein letzter Gruß
So, mit der Schule ist nun Schluss

Schnell jetzt den Heimweg angetreten
So schön hört' man ihn lang nicht flöten

An Freudentagen darf das sein
Hier sieht man ihn mit gutem Wein

Noch Wochen später freut er sich
Die Weinvorräte wachsen nicht

Doch gibts woanders auch Getränke
Bald kennt man ihn in jeder Schenke

Herbst, Winter – es vergeht viel Zeit
Der Nöckelmuhl ist ständig breit

Der Arzt verkündets mit Bedauern:
Ein frühes Ende scheint zu lauern

Solch Diagnose stimmt nicht heiter
„Was tun?", denkt Nöckelmuhl. „Sauf weiter!"

Längst ist das Ende allen klar
Schon liegt auch seine Leiche da

Die kleine Kapelle wird überschwemmt
Von Lehrern und Wirten – man weint ungehemmt

Der Ruhestand war nicht von Dauer
Das Grab liegt an der Friedhofsmauer

Und als seine Seele steigt zum Himmel empor
Dringt Nöckelmuhls Fazit an jedermanns Ohr:
„Tja, dass ich mich so über den Ruhestand gefreut
Hab ich inzwischen bitter bereut!"

Karl Mackenthuns Meinung:
Alles in Butter

Dass auch das Alter noch etwas Freude und Glück bescheren kann, halten viele nicht für möglich. Deshalb möchte ich eine kleine Geschichte zum Besten geben, die meinem Nachbarn widerfahren ist. Opa Krönke kann es noch gar nicht fassen: Da halten ihn zwei Glücksfeen auf der Straße an und eröffnen ihm, dass er eine Tagesfahrt gewonnen hat!

Und einen elektronischen Radiergummi! Und ein Viertelpfund Schlackwurst! Und eine Tasse Kaffee! Und eine Rheumadecke, mit der er sein Rheuma zudecken kann! Und das Rad für die Fahrt kriegt er kostenlos gestellt! Und das alles, wenn er lediglich ein Kilo Butter für 999 Mark kauft! Das muss denn schon sein, weil es ja eine gesetzlich vorgeschriebene Butterfahrt ist. Dass wir alle später auch einmal so viel Glück haben, wünscht uns allen

Ihr

Der abgeschlossene Roman
Splitters letzte Tage

Splitter hat mit dem Sterben angefangen, als sie ihn pensioniert haben. Vielleicht waren auch die Russen schuld. Oder die Wellensittiche. Aber wer weiß das schon.

Seinen Spitznamen hat Splitter aus dem Zweiten Weltkrieg mitgebracht. Als er an der Ostfront im Schützengraben lag und neben seinem rechten Ohr eine russische Granate explodierte, hieß er noch Herbert. Ein Splitter von der Granate ist direkt durch sein Trommelfell ins Gehirn geflogen und hat sich festgehakt. Im Lazarett haben sich die Ärzte nicht getraut, den rauszuziehen. In einem richtigen Krankenhaus wäre das vielleicht gegangen. Aber wer weiß das schon.

Als Splitter aus dem Krieg nach Hause zurückgekommen ist, war das Stück Metall in seinem Schädel jedenfalls schon ganz von Fleisch und Knorpel umwuchert. Manchmal ist ihm der rechte Mundwinkel runtergefallen, und manchmal konnte er nicht mehr richtig sprechen. Aber sonst war alles in Ordnung mit ihm.

Splitter hat eine Wohnung gefunden, schön mit Keller und Gartenparzelle hinter dem Haus. Und Ar-

beit. An der Schleifmaschine in der Fischdosenfabrik. Wenn das Blech für die Dosen aus der Stanze kommt, hängt manchmal noch ein bißchen Grat an den Schnitten. Dann hat Splitter die Bleche genommen und abgeschliffen. 29 Jahre lang. Weil Splitter keinen Mundschutz tragen wollte, sammelte sich immer ein bisschen Metallstaub in seiner Lunge. 29 Jahre lang. Zum Schluss hat er wahrscheinlich viel mehr Metall in der Lunge gehabt als im Kopf. Jedenfalls war Splitter den ganzen Tag am Husten. Aus seiner Brusttasche zog er immer ein großes Stofftaschentuch, und abends musste er es in die Wäsche schmeißen, weil es ganz rot war. Irgendwann sammelte sich Wasser in seiner Lunge. Zweimal im Jahr ging er ins Krankenhaus, um das abpumpen zu lassen. Danach hat er jedes Mal eine rauere Stimme gehabt. Er klang wie ein alter, bellender Dobermann. Viel gesprochen hat er ja sowieso nicht. Oft genug wollte die Firma Splitter an einen anderen Platz umsetzen. Gab nur ein Kopfschütteln von ihm. Vielleicht hat er sich an seiner Maschine festgehalten. Aber wer weiß das schon.

1975 musste Splitter dreimal ins Krankenhaus. Da ist der Abteilungsleiter an seine Maschine gekommen und hat gesagt: „Splitter, du bist 56 und hast genug gearbeitet." Ab dem nächsten Monatsersten saß Splitter dann zu Hause, in seiner schönen Wohnung mit dem schönen Garten und einer schönen Rente.

Jeden Morgen hat Splitter sich an sein Fenster im ersten Stock gestellt und jeden freundlich angebellt, der auf der Straße vorbeiging. Aber das wurde schnell langweilig. Und weil 56 zu jung ist, um über-

haupt keine Aufgabe im Leben mehr zu haben, legte Splitter nach ein paar Wochen einen Schreibblock neben sich auf die Fensterbank. Von jedem, der die Hofeinfahrt auf der anderen Straßenseite blockierte, schrieb er die Autonummer auf. Irgendwann hatte die halbe Nachbarschaft keinen Führerschein mehr, und keiner antwortete mehr auf Splitters Bellen.

Einmal wollte Splitter sich ein Hobby zulegen. Da hat er sich im Spielwarenladen am Ende seiner Straße ein Puzzle gekauft. Aber die Teile waren viel zu klein für seine großen Schleiferhände. Vor Aufregung hustete er drei Tage lang, bis sie ihm wieder die Lunge auspumpen mussten.

Und einmal wollte Splitter verreisen. Nach Mallorca. Aber als er mit seinem Stück Metall im Kopf durch die Sicherheitsschleuse gegangen ist, hat das Ding so lange gepiept, bis die Grenzschützer ihn ganz ausgezogen hatten und sogar in seinen Hintern schauen wollten. Da ist Splitter mit seiner Reisetasche nach Hause gegangen. Vielleicht haben die ihn für einen Terroristen gehalten. Aber wer weiß das schon.

Danach passierte lange Zeit gar nichts.

Kurz vor Splitters 60. Geburtstag kam ein Brief von der Dosenfabrik. Die Firma hat ihn und alle anderen Frühverrenteten eingeladen. Zu einem bunten Nachmittag, damit man sich mal wieder sieht. Als der Nachmittag da war, schmierte sich Splitter eine Extraportion Brillantine ins Haar, zog seine gute Jacke an und ging hin. Die alten Kollegen waren alle da, ein Alleinunterhalter mit Hammondorgel war da, es gab schön Kaffee und Kuchen. Ein richtig netter

Nachmittag. Als es dunkel wurde, spielte der Alleinunterhalter einen Tusch, und der Abteilungsleiter überreichte jedem ein Geschenk. Einer von den alten Kollegen kriegte einen schönen Schlips, ein anderer eine große Schachtel Cognacbohnen, einer eine kleine Lok für seine Modelleisenbahn. Und Splitter kriegte einen Käfig mit zwei Wellensittichen. Die hatten ein grünes Gefieder mit schwarzen Streifen, und ab und zu haben sie getschilpt. Splitter war gerührt, obwohl er sich nie für Tiere interessiert hatte. Vielleicht war jemand in der Firma der Meinung gewesen, er könnte Gesellschaft brauchen. Aber wer weiß das schon.

Jedenfalls hat Splitter den Käfig gleich am nächsten Morgen in sein Fenster gestellt, damit die Wellensittiche frische Luft haben und die Straße sehen können und die Hofeinfahrt auf der anderen Seite. Den ganzen Tag hat er sich danebengelehnt und den beiden Vögeln so fröhliche Sachen zugebellt, dass ihn bald wieder die ersten Leute von der Straße gegrüßt haben. Irgendwann ist Splitter zur Zoohandlung am anderen Ende der Straße gegangen und hat sich bei der netten Verkäuferin ein Buch über Wellensittiche gekauft. Er wollte gerade wieder rausgehen, da rief ihm die nette Verkäuferin hinterher: „Wissen Sie eigentlich, dass Wellensittiche sprechen können?" – „Nee", hat Splitter gebellt. – „Doch!", sagte die nette Verkäuferin. „Wenn Sie sich neben Ihren Wellensittich setzen und ihm ganz oft ein Wort sagen, so was wie ‚Pucki', dann spricht der das irgendwann nach. Es gibt sogar spezielles Sprachfutter,

damit das ein bisschen schneller geht." – „Na, denn geben Sie mal her, junge Frau!" Splitter hat drei Pfund von dem speziellen Sprachfutter gekauft. Zurück in seiner schönen Wohnung, hat Splitter den halben Käfig mit Futter voll geschüttet. „Pucki!", hat er gebellt. „Pucki!" Tagelang ging das so. Aber weil Wellensittiche nicht bellen können, haben sie nur den Kopf schräg gelegt und manchmal verwundert getschilpt. Nach einer Woche wurde Splitter wütend. „Verdammich!", hat er geschrien und den Käfig mit den Wellensittichen in seinen schönen Keller getragen. Dann hat er sein Puzzle wieder rausgekramt. Die ganze Nacht konnte er nicht schlafen. Erstens, weil die Teile immer noch zu klein waren für seine großen Schleiferhände. Und zweitens, weil er wieder husten musste. Als der Morgen kam, ist ihm schwarz geworden vor Augen. Gott sei Dank hat er es noch bis zum Fenster geschafft, und die Leute auf der Straße hörten sein Bellen.

Als er wieder zu sich gekommen ist, war er im Krankenhaus. Vor ihm stand ein junger Arzt. „Sie hatten einen leichten Herzinfarkt", hat der gesagt. „Nicht richtig schlimm, aber ein bisschen aufpassen müssen wir schon. Deshalb haben wir ihnen ein Katheter zwischen die Rippen gelegt, und das Gerät auf ihrer Brust zeichnet die Herztöne auf. In den nächsten drei Tagen müssen sie jetzt leider im Bett bleiben und sich so wenig wie möglich bewegen." Dann hat der junge Arzt Splitter noch auf die Schulter geklopft und gesagt, dass alles in Ordnung kommt.

Splitter ist liegen geblieben und hat sich so wenig

wie möglich bewegt. Einen Tag lang. Noch einen Tag lang. Am Morgen des dritten Tages war er weg. Der junge Arzt hat sich aufgeregt, weil man doch ein bisschen auf Splitter aufpassen muss, damit alles in Ordnung kommt, und die Polizei informiert. Die wusste gar nicht recht, was sie tun soll, weil Splitter ja keine Verwandten hatte, bei denen man fragen konnte. Schließlich haben sie einen Kontaktbereichsbeamten geschickt, damit der sich mal ein bisschen in Splitters Haus umsieht.

Der hat ihn dann auch gefunden. Splitter lag in seinem schönen kleinen Keller, direkt vor dem Käfig mit den Wellensittichen, und war mausetot. Vor seiner Brust war eine kleine Blutlache. Die kam daher, dass Splitter sich den Katheter rausgezogen hatte. Und obwohl die Tür vom Käfig offen stand und auch die Tür vom Keller, sind die Wellensittiche nicht weggeflogen. Einer von ihnen soll sogar auf Splitters Rücken gehockt und ab und zu mal „Pucki!" geschilpt haben.

Aber wer weiß das schon.

> **N**och einmal ganz von vorn anfangen möchte am liebsten Hans Glück (90). Der Jubelgreis: „Ich würde alles ganz genauso machen!"

Die schönste Nebensache im Ruhestand

Um was es beim Golf geht? Nun ja, die Meinungen sind geteilt. Die einen sagen, man muss so einen winzig kleinen Ball mit einer Art Keule über die Wiesen prügeln, bis er in einem ebenso kleinen Loch verschwindet. Andere sind der Meinung, der Golfsport bestehe darin, dass ein paar Rentner in einem elektrisch betriebenen Wägelchen idyllisch umherschnurren. Man plaudert miteinander und zeigt sich gegenseitig die neuen karierten Hosen.

So einfach ist es nicht, das Golfspiel. Sondern ein durchaus ernst zu nehmender Sport, bzw. wird von nicht wenigen durchaus ernst genommen. Harry Valerien. Franz Beckenbauer. Immerhin ein Mann, der ganz passabel Fußball gespielt hat. Alter schützt vor Torheit nicht. Im Gegenteil. Gerade, wenn man schon einiges an Jahren auf dem Buckel hat, ist das kein Hindernis, um den kleinen Ball zu schlagen. Man muss nicht mehr zwanzig sein und kann trotzdem wichtig tun: von wegen „Sportskanone" und „noch nicht zum alten Eisen ..." Junge Menschen, die auch gerne möchten, werden von der Altersriege listig abgedrängt. „Im Golfsport ist die Erfahrung das Wichtigste", wird behauptet. Die Jugend muss reifen und sich hochdienen. Dazu hat man den Job des „Caddies" erfunden. Meistens etwas rundliche Menschen, die die riesigen Taschen der erfahrenen, alten Golfspieler tragen oder mittels eines kleinen Schiebekarrens fahren müssen. Der Caddie ist ein Relikt aus den guten, frühen Tagen des Golf-Sportes. Damals konnten nicht Kreti und Pleti über das Green trampeln, sondern nur Lord'n Countess und so weiter und so fort.

Denen ist es natürlich nicht im Traume eingefallen, ihre Keulen eigenhändig zu tragen. Wo sind wir denn? Man nahm sich also aus dem Bestand des niedrigen Personals irgendeinen Tölpel, der zu nichts sonst gut war und ließ ihn die Tasche schultern. Später durften solche dann auch noch das Fähnchen aus dem „Hole" nehmen, wenns ans Einlochen ging. Nicht gerade ein Top-Job, wie man sieht. Heutige Caddies sind da von ganz anderem Kaliber. Wichtige Berater des Meisters, heißt es. Sei ihnen gegönnt; die Tasche müssen sie nach wie vor schleppen. Der Spieler himself hat auch keine Hand frei. Er muss schließlich das Stöckchen führen. Beidhändig. Eine Hand am Griff, eine weiter unten. Alles muss unbedingt und absolut genau stimmen. Beinstellung, Schulterhaltung, Daumenwinkel, Beinspreize, Ohrenstellung. Was weiß ich. Man wird den Eindruck nicht los, dass dieses Spiel etwas ist für Wichtigtuer. Irgendwie ist alles falsch dimensioniert. Der Schläger zu groß, der Ball zu klein, die Hüte zu zickig. Nägel an den Schuhen. Grünflächen, so weit das Auge reicht. Langes Gras, mittellanges Gras, kurzes Gras. Kleine Seen, Sandlöcher. Eine Welt, hergerichtet für ein paar ältere Männer in karierten Hosen. Die Zuschauer dürfen nicht auf die Wiesen. Sie drängen sich hinter den Absperrungen und bestaunen ... ja was eigentlich? Den Meister. Der sich zum Bällchen begibt, als hätte er eine hoch komplizierte Gleichung zu lösen. Ganz Konzentration und würdevolles Schmollen. Bedeutungsvoller Blick zum Caddie, der ihm hoheitsvoll einen der Prügel reicht. Vorsichtig näher er sich dem Bällchen, das wie eine hochexplosive Ladung im Grase liegt. „Schneide ich zuerst den gelben Draht oder den blauen Draht ...?" Behutsamkeit und Vorsicht ist jedenfalls geboten. Der Meister trippelt zum Tee. Das ist nichts zu Trinken, sondern ein Stöpselchen, auf dem der Ball ruht ... Psst ... Wie steht der Wind? Und dann: Rückschwung – Abschwung – Durchschwung. Wusch!!! Weg ist der Ball, einsam steht das Tee. Und nun? Alles lauscht und guckt angestrengt. Dieser winzige Ball. Sieht den wirklich irgendwer fliegen? Da helfen auch die dicksten Brillen nicht. Mit dem Fernrohr vielleicht. Auch die beim Fernsehen sind nicht zu beneiden und nicht selten sehen wir einen blauen oder grauen Himmel oder ein paar Bäume, aber: kein Ball. Irgendwie schaffen es Caddie und der alte Meister dann doch, ihn wieder aufzufinden. Schön, wenn er mitten auf der Wiese liegt, blöde, wenn nicht. Bei den Zuschauern besonders beliebt sind mit Sand gefüllte Mulden, weil dann der Dreck schön fliegt, beim Herausschlagen. Das ist Action, da wird die geballte Kraft deutlich, die hinter dem Schlage steckt. Manchmal entstehen lustige Situationen, wenn der Ball in einer Astgabel landet. Da natürliche Hindernisse so behandelt werden, als seien sie nicht da, krabbelt der Herr Golfspieler in den Baum und schubst die Kugel auf die Bahn zurück. Das Publikum kriegt sich nicht mehr ein: er mit seinen schönen karierten Hosen! In seinem Alter! Denn der Ball muss ins Loch, das irgendwo inmitten der kilometerlangen Grasbahn dämmert.

In der Ruhe liegt die Kraft

Am Strand von Bornholm rotten sich allabendlich die rüstigen Ruheständler zuammen und blicken stumm auf den bleichen Meerbusen hinaus. Der unbefangene Beobachter ahnt nicht, dass er Zeuge eines nervenraubenden Wettstreits wird, dessen Regeln einfach und folgenschwer sind: Derjenige, der zuerst unruhig wird, hat verloren und muss heimgehen.

Als Anzeichen der Unruhe gelten Zucken des Lids, des Mundwinkels und des Glieds.

Doch so etwas geschieht selten am Strand von Bornholm, denn die stillen Männer wissen, was es bedeutet, heimgeschickt zu werden, wo die Ruheständlerin vor dem Fernseher sitzt. Und die schätzt Störungen dabei bekanntlich überhaupt nicht. Schon bei dem Gedanken daran, was dann passieren wird, wird der einfache Bornholmer richtig unruhig, und es zucken Lid, Tränensack und Achseln. Nur das Glied zuckt nicht. Hat es je gezuckt?

10 Rezepte, wie man schön alt wird

1. Normalgewicht halten
2. Dreimal täglich lachen
3. Viel Sex
4. Jeden Morgen 70 Kilometer radeln
5. Täglich ein Glas geschmolzene Butter trinken
6. Abends Schokolade essen
7. Sonnenblumenkerne kauen
8. Exzentrisch sein
9. Positiv denken
10. Nicht vorher sterben

Schach auf Rädern

Nicht jeder ältere Schachfreund, dem der Partner weggestorben ist, möchte ewig und drei Tage mit sich selbst die Klingen kreuzen. Hier hat kürzlich darum der Bundestag auf Initiative des Deutschen Altenschachbundes im Seniorenbeirat der Grauen Schachpanther durch eine noch unveröffentlichte Eilverordnung Abhilfe geschaffen. Jeder Schachwitwer (die Zahl der grünen Witwen lässt sich natürlich vernachlässigen) hat nunmehr die Möglichkeit, den Altenschachpflegedienst zu abonnieren.

Dann rattert jeden Tag das Schachauto des mobilen Pflegedienstes mit seinem Zivildrückeberger vor die Haustür. Nach endlosem Geklingel lassen die Nachbarn den jungen Spund ins Haus des Alten, wo das Brett bereits aufgebaut ist, hinter dem der Oldie schon hockt. Im Vorbeigehen macht der Pflegebubu irgendeinen Zug und verschwindet wie ein geölter Blitz wieder in seiner Rostlaube.

Nun hat der matte Senior einen ganzen Tag Zeit, über seine Parade nachzusinnen, während der rastlose Mobildödel schon wieder auf dem Weg zum nächsten Pensionär ist. Wir meinen: Schach auf Rädern – ein förderungswürdiges Modell. Aber ohne uns!!

Auf dem Land

Ruheständler sterben aus. Jedenfalls glaubte man das auf dem pfälzischen Dorf, in dem ich groß geworden bin. Das gutbürgerliche Lokal „Fröhlich" war plötzlich rappelleer, der Kiosk ungelogen zugemauert und zum Eigentumsbunker umfunktioniert und die Kirche naturgemäß ausgestorben. Am meisten verstärkte sich der Verdacht jedoch bei den nunmehr nur noch rund 600 Einwohnern, da es seit einiger Zeit des Nachts unheilvoll still war: Die Schrotflinten nämlich gegen Katzen und Amseln und diebische Fremde waren verstummt. Einst im Sommer, erinnere ich mich, knallte es Tag und Nacht, mehr im Oberdorf als im Unterdorf, da dort mehr Kirschbäume stehen und somit auch mehr Amseln ihr Unwesen treiben. Alte Männer mit Hüten lagen auf Bäumen, im Fenster oder unter dem Auto und schossen sich die Kirschen frei. Beschürzte Frauen liefen dann schnell, um zu pflücken und sich für Wochen im Keller einzuschließen und einzukochen. Den Schnaps wiederum brannte dann der Mann – legal oder illegal. Sechzehn Mark die Flasche für Dörfler und 30 für die von außerhalb. Gedealt wurde in der Kirche, umso effektiver, seit sich die Ökumene durchgesetzt hatte. Solange es knallte, war die Welt in Ordnung. „Irgendwie braucht man wohl neue Aufgabenbereiche, wenn man aus dem Berufsleben ausgestiegen ist", dachten wohl die Jungen und kauften und tranken sich die Birne wund. Während die Ruheständler ihre Einnahmen an

"Ritas Kiosk" in Rubbellose und schmutzige Heftchen – eingerollt in der Zeitung – umsetzten, konnten die Jungen getrost amselfrei, volltrunken und rund von Marmeladenstullen den eigenen Aufgaben nachgehen.

Seit es keine Ruheständler mehr gibt, wirkt der Dorfbrunnen deplatziert. Die Menschen haben Angst und laufen mit suchendem Blick herum, sind dünn und verängstigt. Ein paar Schlaue waren schon in der Stadt unterwegs, haben in Altersheimen nachgeschaut, auf Friedhöfen Inschriften gelesen und Anzeigen inseriert – ohne Erfolg. Lediglich die verwitwete Frau des ehemaligen Ortsvorstehers (CDU) wurde in einer psychiatrischen Anstalt aufgetrieben, jedoch auch sie konnte über den Verbleib ihrer ehemaligen Klassenkameraden keine Auskunft geben. Immer wieder nur murmelte sie hämisch: "Noch leben sie, die Vögelchen, noch, noch, noch" und machte daraufhin immer wieder Geräusche wie ein Luftgewehr. Ich beschloss, meine Heimat zu verlassen und in der Stadt mein Glück zu suchen.

Ruheständler aufgepasst!

Die oben abgebildete weibliche Person wird des heimlistigen und hintertückischen Betrugs in mehreren Fällen verdächtigt.

Sie weckt Ruheständler aus ihrer Lethargie, indem sie rücksichtslos während der Mittagszeit an der Tür klingelt und sich als harmlose Vertreterin ausgibt, die eine sensationelle Neuentwicklung anzubieten hat – einen Treppenlift, der 100 km/h erreicht und bei dem es sich angeblich um ein Abfallprodukt der Weltraumfahrt handelt.

Nicht wenige Ruheständler bitten sie begeistert herein, bewirten sie mit entcoffeiniertem Kaffee und Diätplätzchen, unterschreiben voreilig den Kaufvertrag und zögern auch nicht, die Anzahlung in Höhe von 50 000 DM zu leisten. Doch sobald der Betrag übergeben worden ist, hat es die Person meist auffallend eilig und verschwindet auf Nimmerwiedersehen.

Achtung! Die Person tritt unter einer Vielzahl verschiedener Identitäten in Erscheinung – unter anderem als „Marilyn Kabel" oder „Heidi Monroe"!

Berühmte Rentner
Interview mit Leni Riefenstahl

Leni Riefenstahl – verführte Verführerin, genarrte Närrin, gefilmte Filmerin? Oder aber – Konkubine und heimliche Chefpropagandistin des Dämons Hitler? Nur wenige Künstler haben derartig zwiespältige Reaktionen ausgelöst wie die überschwängliche Leni, die es unter „Rausch" (der weiße) bzw. „Sieg/Triumpfh" (des Glaubens/Willens) erst gar nicht gemacht, und von gewissen unappetitlichen Sachen überhaupt nichts gewusst hat. Wir wollten wissen, was ist das für eine Frau, die für Hitler „das Schönste, das er jemals im Film gesehen hat", war. Wir wollten: **DIE WAHRHEIT ÜBER LENI RIEFENSTAHL!**

Lelu.: Leni, sie ...

Rief.: ... hallo, hallo, wir haben doch keine Schweine zusammen gehütet.

Lelu.: Wie bitte? – Ach so, Entschuldigung: Frau Riefenstahl.

Rief.: Das will ich meinen ... nun aber los. Was wollen Sie wissen?

Lelu.: Also wenn ich, also wir ganz ehrlich sein sollen: was uns am meisten interessiert: Was war wirklich los mit den ganzen Nazi-Typen. Ich meine, wie waren die so – ganz privat?

Rief.: Wie soll ich denn das verstehen?

Lelu.: Also der Hitler und der Goebbels – immer Stiefel und Uniform. Eine ganz perverse Bagage, wenn Sie mich fragen – man kennt das doch! Immer „Gewehr über!", hä, hä! Leni!

Rief.: Wie – Gewehr über?
Lelu.: Sie schreiben schließlich in Ihren Memoiren selbst, der Adolf hätte sich Ihnen erregt genähert. Erregt! Das ist ja wohl eindeutig.
Rief.: Nichts ist eindeutig, mein Herr. Außer, dass sich Leute ihrer Couleur nicht vorstellen können, dass sich Beziehungen zwischen hochsensiblen und – jawohl – hochwertigen Menschen nicht in der schnellstmöglichen Penetration erschöpfen.
Lelu.: Aber sie haben doch ...
Rief.: Gar nichts habe ich. Wenn ich schreibe, dass der Führer erregt war, dann nicht in einem derart profanen Sinne, wie sie das – natürlich verstehen. Zwischen uns äußerte sich Erregung in einem Kräuseln der Braue, in einem trunkenen Schwellen der Brust, im rauschhaft-entrückten Atemholen ...
Lelu.: ... im kaum wahrnehmbaren Sträuben des Bärchens – äh, Bärtchens? Na gut. Aber dieser kleine, Heiner, Sie wissen schon. Der ist ihnen ganz schön an die Wäsche gegangen, wie sie selbst erzählen. Ich zitiere: „... und schob in der Berliner Oper seine Hand unter mein Kleid und wollte den Oberschenkel hinauf ...
Rief.: Genug. Natürlich war mir dieser Mann verfallen. Natürlich hat er wie von Sinnen meine Knöchel umfasst und auf den Knien liegend nach meiner Brust gegriffen. Ich war jung, ich war schön, ich war erfolgreich. Wenn sie wüssten, was mir z. B. Heinz Rühmann für Briefe geschrieben hat ...
Lelu.: Briefe? Bitte, bitte, Frau Leni – Einzelheiten!

Rief.: Nie gebe ich Ihnen einen dieser Briefe. Ich könnte höchstens ...

Lelu.: Bitte, Frau Riefenstahl. Eine Zeile, ein Wort, ein Buchstabe!

Rief.: Jetzt stehen sie mal auf und schweigen stille. Diese Stelle habe ich mir aufgeschrieben und trage sie immer bei mir, weil sie so wunderschön ist. Hören Sie zu: „Wie schön ist dein Gang in den Schuhen. Deine Lenden stehen gleich aneinander wie zwo Spangen ...

Lelu.: ... zwo Spangen. Soso.

Rief.: „... wie zwo Spangen. Deine zwo Brüste sind wie zwei junge Rehzwillinge."

Lelu.: Zwo Brüste. Respekt. Dieser Rühmann erscheint mir jetzt in ganz anderem Lichte. Haben Sie mit dem auch – hat er auch ihre Knöchel, respektive Rehzwillinge ...

Rief.: Nie! Nie habe ich mich herabgelassen. Heinzen hat mich nicht berührt. Geschweige denn Josef – der kleine Schreihals.

Lelu.: Und ER? Der Gröfaz? Der war doch schon hinter Ihnen her, als sie noch eine Hupfdohle im kurzen Hemdchen waren ...

Rief.: Ja! Ja! Ich war der Person Hitlers verfallen – doch das Dämonische in ihm habe ich zu spät erkannt. Wenn das schuld ist, so bin ich schuldig und will gerichtet werden! – O Gott, wie wird mir?

Lelu.: Leni Riefenstahl, gestehen Sie! War Hitlers Adolf an Ihren Spangen?

Rief.: Aaaarghnn! Schweigen Sie ... Sie wissen ja nicht ... mir schwinden die Sinne.

Lelu.: Werden Sie jetzt ohnmächtig? Na dann, vielen Dank für das Gespräch.

Deutsch für Ruheständler

Vier Phrasen und was sie bedeuten

1 *Was ist los?!*
Herrje, kann denn ein Ruheständler nicht mal zwei Wochen lang am Stück auf der Couch liegen und die Wand anstarren, ohne dabei ständig unterbrochen zu werden?!

2 *Heute ist mir irgendwie gar nicht danach ...*
Spazieren gehen?! Essen gehen?! Und dann auch noch in die Oper?! – Ich bin verdammt noch mal im Ruhestand!

3 *Jaja, ich komme gleich!*
Da hat man sein Leben lang tagein, tagaus, bei Wind und Wetter, ohne Wenn und Aber, in guten und in schlechten Zeiten gemacht und getan und kaum ist man endlich im Ruhestand, soll man schon wieder beim Abwasch helfen! Scheißspiel!!!

4 *Ach, tatsächlich?!*
Der Bäcker hat die Preise erhöht?! Die Nachbarin hat sich ein Bein gebrochen?! Die Welt geht unter?! Na und?! Das alles sind doch Dinge, die einen Ruheständler nicht mehr tangieren!

Mit Ingrid und Käte ins Krisengebiet

Zuerst kam eine Postkarte aus Frankreich: „Liebes Kind, alles ist toll hier. Wir haben so viel Spaß wie noch nie in unserem Leben, nur unser Auto ist geklaut worden. Bitte hebe mir die Postkarte auf. Deine Mutti." Meine Schwestern schlugen Alarm. Meine Mutter aber kam auf dieser ersten Reise mit ihren Freundinnen Käte und Ingrid zu einem besonderen Ruhm, denn sie wusste, wie man ein Zugticket löst und zurück nach Marpingen ins heimische Saarland fährt. Damit war ihre zukünftige Führungsposition im Damenkränzchen gesichert. Aber die Diebe hatten den Käsekuchen und den Kartoffelsalat geklaut. Das sei das Allerschlimmste gewesen, berichteten die Damen später, tranken in sinnloser Begeisterung Damenschnäpschen und sanken in die lindgrüne Wohnzimmergarnitur.

Das war vor gut zehn Jahren. Danach sind die drei auf den Geschmack gekommen. Die Zeit des gedanklichen Herumstreunens war vorbei. „Wirklich unterwegs sein", hieß nun das Lebensmotto. Ich vermute allerdings, dass meine Mutter, die unter starkem Kulturinteresse leidet, immer die Anstifterin ist. Sie hat einen kleinen, abgeschabten Terminkalender, der, was die Häufung der Termine betrifft, jeden Topmanager vor Neid erblassen ließe. So kommt ein wenig Stringenz in den wirren Plot des Seniorenlebens. Mit erheblichem Glück ließ es sich einrichten, dass sie bei den Geburten ihrer Enkelkinder anwesend sein konnte, wie sich das für eine Großmutter gehört. Das funktionierte aber nur deshalb, weil meine Neffen auf den Termin genau geboren wurden.

Denn meine Mutter reist. Rentner sind nämlich in der Lage, immer genau dann zu reisen, wenn es Schnäppchen, also neudeutsch: „Joker-Reisen", gibt. Und immer genau dann, wenn jeder, der normal malocht, ohnehin nicht weg kann. In Jugoslawien damals '91 war das eine super preisgünstige Sache. Nur leider brach auch just, als die Damen dort waren, der Bürgerkrieg aus und man musste in der Hotelanlage bleiben. Und weil die Lage schon recht ernst war, wurden sie ratzfatz notfallmäßig über Dubrownik ausgeflogen. „Da war ein bisschen Krise", erzählte meine Mutter mit dem Gehabe einer Weltenbummlerin. Aber sonst sei alles „Klasse" gewesen und sie hätten sich jeden Nachmittag Tee mit dem eigens mitgebrachten Tauchsieder gemacht und beim Frühstück heimlich Stullen geschmiert. Das spart natürlich enorm und so ist manch andere Reise auch noch drin.

Dann wünschte sie sich zum Geburtstag einen Reiseführer über den Jemen und einen über Sri Lanka. Meine Schwestern wollten eine Familienkrisensitzung. Da war sie zur Feier des Tages aber gar nicht da, sondern mit Käte und Ingrid in Ägypten. „Mit Geleitschutz der Polizei sind wir durch die Wüste gefahren, sonst wären wir nicht ans Rote Meer gekommen. Alles toll hier. Bitte hebe mir die Postkarte auf. Alles Liebe, Mutti", schrieb sie. Das mit der Postkarte ist sehr wichtig. Schließlich wäre es ja unnütz rausgeschmissenes Geld, sich selber eine Postkarte zu kaufen, nur um sie unbeschrieben mit nach Hause zu nehmen.

Meine Schwestern baten zügig um einen erneuten Termin, aber der konnte erst stattfinden, nachdem die Damen in Bangladesch waren, und Sri Lanka war schon gebucht. „Die Polizisten sind sooo nett zu uns und tragen uns die Handtücher an den Strand hinterher. Überall Polizeipräsens. Außer uns sind keine Touristen hier, wir werden soo zuvorkommend behandelt. Bitte hebe mir die Postkarte auf. Liebe Grüße, Mutti." Zu den Kindern von Käte und Ingrid hatten wir quasi eine Standleitung, zum Glück kannten wir die noch von der Schule. Da in Sri Lanka wäre gerade ein großes Benzinlager angezündet worden und über Colombo war acht Tage eine Rauchwolke, erzählte das Damenkränzchen später.

Aber die Vorzüge eines Krisengebietes lagen auf der Hand: Billige Flüge und hervorragender Service und alles sehr individuell, weil sich da keine anderen Touristen hintrauen. „Wenn wir jetzt nicht reisen, wann dann?", fragte unsere Erzeugerin naseweis.

Wir Kinder registrierten das mit ergebenem Augenrollen. Dann musste meine Mutter vorübergehend kürzer treten. Sie bekam ein künstliches Kniegelenk und einen Schwerbehindertenausweis. Meine Schwestern atmeten auf und stellten Bedingungen. Kein Krisengebiet mehr. So flogen die Damen murrend nach Marokko. „Liebes Kind, alles voller nervensägender Touris hier. Es ist die Hölle. Die Postkarte brauchst du nicht aufheben. Deine Mutti."

Den nächsten Reiseführer wünschte sich meine Mutter heimlich von mir. „Und sag deinen Schwestern ja nichts, wir wollen nämlich nach Syrien, Jerusalem und Palästina. Die sind sich da ja auch nicht so grün", sagte meine Mutter. Langsam wurde sogar ich nervös , und das will was heißen, denn ich bin Reisejournalis-tin mit dem Spezialgebiet Afrika. Durch diese Tatsache war ich in Ihrer Achtung erheblich gestiegen, muss man sagen. „Der Apfel fällt nicht weit vom Stamm", verkündete unsere Mama zufrieden und buchte 14 Tage Burundi. Und: „Macht euch mal nicht ins Hemd, wir sind doch nun auch schon ein bisschen cool."

„Wir müssen was unternehmen", sagten meine Schwestern. Ich war sofort dabei. Wir trafen uns überfallmäßig auf der lindgrünen Couchgarnitur meiner Mutter und stärkten uns mit dem Käsekuchen, der auf dem Küchentisch stand. Sie selber war mal wieder unterwegs. Denn mit dem Schwerbehindertenausweis mit dem Vermerk „G" wie „gehbehindert" konnte sie sehr verbilligt im Saarländischen Verkehrsverbund Bus fahren. Dort stattete sie allen Burgen und Sehenswürdigkeiten, die sie noch nicht kannte, einen Besuch ab.

Jetzt war sie im Neunkirchner Zoo. Das ist der, dem Erich Honecker mal eine Löwin gespendet hat, die Honnie hieß.

Wir hörten im Radio, in Neunkirchen sei der Wasserturm hochgegangen. Mit Straßenabsperrungen und stundenlangen Löschaktionen. „In Deutschland zu reisen ist aber wirklich gefährlich", sagte meine Mutter später und wollte noch nicht mal Käsekuchen.

Zwei auf einer Bank

Grosser: Hallo, Herr Schüttpelz!
Schüttpelz: Moin!
Grosser: Wie geht es Ihnen heute, Herr Schüttpelz??
Schüttpelz: Beschissen wäre noch geprahlt! Und selbst?
Grosser: Sehr gut, Herr Schüttpelz, könnte nicht besser sein. Morgenstund hat Gold im Mund. Früher Vogel fängt den Wurm. Runter kommense alle. Bier gibt keine Weinflecken.
Schüttpelz: Sonst noch was?
Grosser: Ein Wetterchen zum Eierlegen heute wieder.
Schüttpelz: Mir egal.
Grosser: Sieht nach Regen aus.
Schüttpelz: Ist gut für den Garten, Herr Grosser. Alte Bauernregel.
Grosser: Ich dachte, Sie glauben nicht an Bauernregeln.
Schüttpelz: Tue ich auch nicht. Alles Humbug! Blödsinn!
Grosser: Ist das nicht ein herrliches Fleckchen Erde hier?
Schüttpelz: Ja. Aber das Wetter war früher besser.
Grosser: Auf jeden Fall ist es ein herrlicher Morgen.
Schüttpelz: Ja. Wenn einem die Tageszeit behagt.
Grosser: Sehen Sie nur, ein Eichhörnchen!
Schüttpelz: Zertrampelt nur den Rasen. Ich hasse Eichhörnchen.
Grosser: Ich könnte hier noch stundenlang rumsitzen

und die Natur beobachten. Alles im grünen Bereich. Oder nit?

Schüttpelz: Ich hasse den Ruhestand! Alles Scheiße!

Grosser: Wie kann man nur so negativ sein, Herr Schüttpelz!?

Schüttpelz: Das ist meine Natur.

Grosser: Ein sehr Gescheiter hat einmal gesagt: Der Zustand einer Gesellschaft spiegelt sich am besten darin wider, wie wir mit dem Pensionsschock klarkommen.

Schüttpelz: Blöder Spruch! Laberheini!

Grosser: Tja, für die einen ist der Ruhestand ein Segen, für die anderen eine Qual. Was mich betrifft, ich bin glücklich, fühle mich pudelwohl als Rentner.

Schüttpelz: Ist das da hinten ein Pudel?

Grosser: Nein, das ist meine Frau.

Schüttpelz: Oh!

Grosser: Geschenkt! Was sein muss, muss sein. Es ist einfach nicht zu fassen, wie viele Kräuter diese Frau an einem Tag sammeln kann. Jeden Abend gibt es bei uns einen knackfrischen Salat. Wir sind nämlich Vegetarier, müssen Sie wissen.

Schüttpelz: Scheiß der Hund drauf!

Grosser: Schön. Würden Sie mir jetzt bitte ihre Weinflasche reichen? Ich hätte gern Wein. Ist das Beaujolais?

Schüttpelz: Am Arsch die Räuber.

Grosser: Wie bitte?

Schüttpelz: *(gibt ihm die Weinflasche)*
Von mir aus. Hier haben Sie den Beaujolais. Schmeckt aber wie Limopisse.

Grosser: Macht nichts, macht nichts. Ah, tut das gut.

Schüttpelz: *(nimmt ihm die Flasche weg)*
Also, das reicht jetzt.

Autoren und Zeichner

Christina Bacher, geboren 1973, lebt und arbeitet in der Studentenhochburg Marburg.

Hans Borghorst, 1961 in Haren/Ems geboren, arbeitete als Zeitungsausträger, in einer Coca-Cola-Fabrik, als Pizza-Bote, als Kabelträger beim Fernsehen, als Grafiker, als DJ usw. Lebt als freier Autor in Meppen.

Peter Butschkow, 1944 in Cottbus geboren, studierte Grafik in Berlin und jobbte als Trommler in einer Rockband. In den Siebziger-Jahren arbeitete er freiberuflich als Grafiker und Zeichner in Berlin. Heute lebt der Vater zweier Söhne als freischaffender Cartoonist in Nordfriesland.

Ralf Dornbusch, 1963 in Bremen geboren, lebt als Realschullehrer und Autor in Enger.

Fritz Eckenga, geboren 1955, ist Autor, Komiker, Musiker und wohnt in Dortmund. Er ist Mitglied des ziemlich berühmten Ensembles N8chtschicht. Letzte Buchveröffentlichung: *Kucken, ob's tropft und Ich muss es ja wissen.*

Christina Gottschall, geboren 1963 in Marburg, lebt als freie Journalistin in Hamburg und auf den Kapverdischen Inseln.

Albert Hefele, 1951 im Allgäu geboren, lebt in Oberelchingen. Arbeitet als Arbeitstherapeut. Als freier Mitarbeiter z.B. für die Zeitschrift *Titanic* tätig. Letzte Buchveröffentlichung: *Grauenhafte Sportarten, mit denen uns das Fernsehen quält.*

Gerhard Henschel, geboren 1962, ist freier Schriftsteller, lebt in Hamburg.

Dr. Manfred Hofmann, Jahrgang 1950, lebt in Berlin und ist seit Jahren Mitherausgeber der *Berliner Verallgemeinerten* der Stadtillustrierten *Zitty*. Als Autor veröffentlichte er in *Pardon*, *Titanic* u.a. und schrieb mehrere Bücher, als Apotheker verdient er seinen Lebensunterhalt.

Ulrich Horb, geboren 1955, arbeitet als Journalist in Berlin.

Peter Köhler, geboren 1957, lebt, arbeitet und faulenzt in Göttingen.

Knud Kohr, geboren 1966 in Cuxhaven, lebt und arbeitet in Berlin.

Kriki, alias Christian Groß, geboren 1950 in Lamstedt. Arbeitet u.a. als Cartoonist und Collagist.

Axel Marquardt, geb. 1943, lebt in Glückstadt, Verfasser satirischer Texte aller Art. Letzte Publikationen: *Die Welt ist ein weiß lackiertes Türblatt* und *Marsmenschen.*

Til Mette, geboren 1956 in Bielefeld. Tätig als freischaffender Maler und Cartoonist. Lebt in New York.

Nikolaz, alias Nicolas le Bars, geboren 1961 in Fontany le Compte, Frankreich, arbeitet freiberuflich als Illustrator und Cartoonist. Er lebt mit seiner Freundin und seinem Sohn Yannic in einem kleinen Dorf in der Bretagne.

Klaus Oliv, geboren 1944 in München, arbeitet als freier Cartoonist für Werbeagenturen und Verlage.

Ari Plikat, geboren 1958 in Lüdenscheid. Studium Grafik-Design in Dortmund und Leeds. Veröffentlichungen als Illustrator und Cartoonist in Zeitungen, Zeitschriften und Büchern.

Hardy Siedler lebt und arbeitet in Kassel.

Andreas Scheffler, geboren 1966 in Gütersloh, lebt und arbeitet in Berlin. Liest jeden Sonntag in der *Kalkscheune* bei *Dr. Seltsams Frühschoppen.* Letzte Buchveröffentlichung: *„Und sonst geht's gut? 40 Geschichten über den Irrwitz im Alltag",* Fahner Verlag.

Frank Schulz, geboren am Tag der Liebe 1957 in Hagen bei Stade, lebt als Schriftsteller in Hamburg.

Günther Willen, geboren 1954. Lebt und arbeitet in Oldenburg.

 # BÜCHER, DIE

... im besten Alter!

ISBN 3-8303-4115-6

ISBN 3-8303-4116-4

ISBN 3-8303-4114-8

ISBN 3-8303-4113-X

Wir senden Ihnen gern unser Gesamtverzeichnis:
Lappan Verlag GmbH · Postfach 3407 · 26024 Oldenburg

www.lappan.de

SPASS BRINGEN!

Außerdem bei Lappan erschienen:

ISBN 3-8303-4090-7

ISBN 3-8303-4100-8

ISBN 3-8303-4008-7

ISBN 3-8303-4064-8

ISBN 3-89082-992-9

ISBN 3-8303-4038-9   ISBN 3-8303-4065-6